# Der Versorgungsanspruch der Kriegsbeschädigten und Kriegshinterbliebenen

## und die Zulässigkeit des Rechtswegs

Von

**Dr. jur. Viktor Hauser**

München

1917

München, Berlin und Leipzig

J. Schweitzer Verlag (Arthur Sellier)

# Der Versorgungsanspruch der Kriegsbeschädigten und Kriegshinterbliebenen

## und die Zulässigkeit des Rechtswegs


Von

**Dr. jur. Viktor Hauser**

München



1917

München, Berlin und Leipzig

J. Schweitzer Verlag (Arthur Sellier)

Druck: Dr. F. P. Datterer & Cie (Inh. Arthur Sellier) Freising und München.

# Inhaltsangabe.

# Abkürzungen.

| | |
|---|---|
| AB. | = Ausführungsbestimmungen. |
| ABB. | = Armeeverordnungsblatt. |
| AVG. | = Angestelltenversicherungsgesetz v. 20. Dez. 1911. |
| Begr. | = Begründung der Gesetzentwürfe. |
| BGB. | = Bürgerliches Gesetzbuch. |
| BHG. | = Beamtenhinterbliebenengesetz v. 17. Mai 1907. |
| BVO. | = Verordnung des Bundesrats. |
| HeerO. | = Heerordnung. |
| KAG. | = Gesetz über Kapitalabfindung an Stelle von Kriegsversorgung (Kapitalabfindungsgesetz) v. 3. Juli 1916, Reichsgesetzblatt S. 680. |
| KME. | = Erlaß des bayerischen Kriegsministeriums. |
| MHG. | = Militärhinterbliebenengesetz v. 17. Mai 1907. |
| MVG. | = Gesetz über die Versorgung der Personen der Unterklassen des Reichsheeres, der kaiserlichen Marine und der kaiserlichen Schutztruppen v. 31. Mai 1906 — Mannschaftsversorgungsgesetz. |
| OPG. | = Gesetz über die Pensionierung der Offiziere einschließlich Sanitätsoffiziere des Reichsheeres, der kaiserlichen Marine und der kaiserlichen Schutztruppen v. 31. Mai 1906 — Offizierspensionsgesetz. |
| OVA. | = Oberversicherungsamt. |
| PV. | = Pensionierungsvorschrift für das bayerische Heer v. 23. Januar 1913. |
| RBG. | = Reichsbeamtengesetz. |
| RG. | = Entscheidung des Reichsgerichts in Zivilsachen. |
| RGBl. | = Reichsgesetzblatt. |
| RVA. | = Reichsversicherungsamt. |
| RVO. | = Reichsversicherungsordnung v. 19. Juli 1911. |
| RStGB. | = Reichsstrafgesetzbuch. |
| WehrO. | = Wehrordnung. |
| ZPO. | = Zivilprozeßordnung. |

# Literaturverzeichnis.

Anstellungsnachrichten mit Beiheften, herausgegeben vom K. Preußischen Kriegsministerium.

Düttmann, Kommentar zur Reichsversicherungsordnung.

Erlasse des K. Bayerischen Kriegsministeriums.

Frey, Dr. Karl Ritter v., Entwurf eines Militärversorgungsgesetzes, Klagenfurt 1915.

Holz, Richard, Das Kriegshinterbliebenenversorgungsrecht, Berlin 1916.

Kraus, Dr. Siegfried, Die Kriegsinvaliden und der Staat, München 1915.

Kriegsbeschädigtenfürsorge, Zeitschrift für die Gesamtinteressen der Kriegsbeschädigten (Berlin).

Laband, Staatsrecht des Deutschen Reiches.

Manes u. Königsberger, Kommentar zum Versicherungsgesetz für Angestellte.

Olshausen, Theodor v., Militärhinterbliebenengesetz.

Parst, Julius, Gesetzliche Kriegsfürsorge, Nürnberg 1915.

Pannier, Karl, Die Militärversorgungsgesetze für das Deutsche Reich (Leipzig, Reclam 1915).

Pensionierungsvorschrift für das bayerische Heer v. 23. Januar 1913.

Romen, Militärpensionsgesetz I. und II.

Soergel, Jahrbuch des Reichsversicherungsrechts.

# Vorwort.

Gegenstand der vorliegenden Abhandlung sind in erster Linie die Ansprüche der Kriegsteilnehmer und ihrer Hinterbliebenen aus den militärischen Versorgungsgesetzen, sowie die Zulässigkeit des Rechtswegs wegen dieser Ansprüche.

Neben den bestehenden Gesetzen wird die seit Kriegsausbruch durch kriegsministerielle Erlasse angeordnete Neuregelung des militärischen Versorgungswesens berücksichtigt.

Die in der Gesetzgebung enthaltenen Sondervorschriften für die kaiserliche Marine und die kaiserlichen Schutztruppen werden nicht berücksichtigt, da für diese in ihren Grundzügen auch die Vorschriften für das Reichsheer gelten.

Der behandelte Personenkreis umfaßt die Offiziere (einschließlich Sanitäts- und Veterinäroffiziere), die Heeresbeamten (einschließlich der auf Kriegsdauer als Heeresbeamte verwandten Zivilbeamten und Personen, die zum Heere in privatrechtlichem Vertragsverhältnis eines Dienstverpflichteten stehen), die Mannschaften, das Personal der Freiwilligen Krankenpflege, sowie die Hinterbliebenen dieser Personen.

Für sich gesondert sind die Ansprüche der Kriegsbeschädigten und Kriegshinterbliebenen aus der Reichsversicherungsordnung und ihr Verhältnis zu denen aus den Militärversorgungsgesetzen dargestellt. Die Ansprüche aus der Angestelltenversicherung sind nur flüchtig gestreift, da sie durch den gegenwärtigen Krieg nur in Ausnahmefällen zur Entstehung gelangen, vorzügliche Aufgabe dieser Abhandlung aber ist, die durch den gegenwärtigen Krieg geschaffenen Ansprüche der Kriegsbeschädigten und Kriegshinterbliebenen klarzustellen.

# Einleitung.

## Der Versorgungsgedanke, seine Anerkennung und Betätigung durch den Staat.

Der Versorgungsgedanke beruht, zunächst von der ethischen Seite aus betrachtet, auf einer Dankespflicht der Allgemeinheit gegenüber denjenigen, die im Kampfe für sie ihr Leben gelassen oder an der Gesundheit Schaden genommen haben. Die Allgemeinheit ist verkörpert in dem Staat.

Von der rechtlichen Seite aus betrachtet beruht er auf einer Schadensersatzpflicht des Staates. In einem Staate mit allgemeiner Wehrpflicht setzt im Kriegsfalle der Einzelne als Staatsbürger, ohne besondere Bezahlung oder Vorteilsversprechung, als Glied und Organ einer staatlichen Gemeinschaft in Ausübung seiner Militärpflicht Leben und Gesundheit für diese Gemeinschaft ein.

Anders verhält es sich, wenn der Kriegsteilnehmer zu dem Staate in einem Söldnerverhältnis steht. Dann haben wir es mit zwei vertragschließenden Teilen zu tun. Gegen einen vereinbarten Sold oder gegen Versprechung von künftigen Vorteilen übernimmt der Söldner die Verpflichtung zu einer gewissen kriegerischen Leistung. Es handelt sich um ein gewagtes Geschäft, bei dem der Söldner das Risiko der Gesundheitsbeschädigung oder des Todes gegen Bezahlung auf sich nimmt.

Aus dieser Gegenüberstellung ergibt sich, daß ein Staat mit allgemeiner Wehrpflicht verpflichtet ist, auch für die Hinterbliebenen solcher Personen — und für diese selbst im Falle ihrer Kriegsdienstbeschädigung — zu sorgen, die an einem Kriege nicht auf Grund ihrer Militärpflicht sondern freiwillig teilnehmen, denn diese sogenannten Kriegsfreiwilligen[1]) übernehmen eine Kriegsdienstpflicht nicht auf Grund eines vorteilhaften Soldvertrags, sondern lediglich gegen ihre Alimentierung. Als solche ist die vom Staat gewährte Gegenleistung aufzufassen.[2])

---

[1]) Unter Kriegsfreiwilligen (WehrO. § 98 Nr. 2) sind solche Kriegsteilnehmer zu verstehen, die a) überhaupt nicht wehrpflichtig sind (Ausländer), b) sich in noch nicht oder nicht mehr wehrpflichtigem Alter befinden. Ausgemusterte, wehrpflichtigen Alters, die sich freiwillig zum Heeresdienst melden und eingestellt werden, können nicht als Kriegsfreiwillige angesehen werden, denn ihre Einstellung auch als Kriegsfreiwillige setzt Tauglichkeit voraus, mit der Tauglichkeit aber ist auch gleichzeitig ihre Wehrpflicht wieder gegeben.

[2]) Vgl. Laband, Staatsrecht des Deutschen Reiches, 5. Aufl. Bd. 4 S. 161.

Seine Schadenersatzpflicht hat der Staat durch die Gesetzgebung anerkannt und dadurch ist den Kriegsbeschädigten und Kriegshinterbliebenen ein Versorgungsanspruch gegen den Staat gegeben.

Die Versorgungspflicht des Staates hat im Deutschen Reich Anerkenntnis gefunden zuerst durch das Militär-Pensions- und Versorgungsgesetz vom 27. Juni 1871. Zahlreiche abändernde Gesetze folgten diesem Reichsgesetz bis am 31. Mai des Jahres 1906 das Offizierspensionsgesetz und das Mannschaftsversorgungsgesetz entstand. Beiden Gesetzen folgte ein Jahr später das Militärhinterbliebenengesetz vom 17. Mai 1907.

Das OPG. hat durch § 1 des Gesetzes über die Kriegsversorgung von Zivilbeamten vom 4. August 1914 — mit Wirkung vom 1. Juli 1914 — in § 34 eine Abänderung erfahren.[3]) Auch das MVG. ist durch Gesetz vom 3. Juli 1913 in einigen Paragraphen abgeändert worden. Zu diesen Gesetzen ist noch das Fürsorgegesetz für militärische Luftfahrer vom 29. Juni 1912[4]) hinzugekommen.

Durch den gewaltigen Krieg, der im August 1914 über das Deutsche Reich hereinbrach, haben die militärischen Versorgungsgesetze ihre Belastungsprobe erfahren und es zeigte sich bald, daß sie den riesigen Anforderungen eines modernen Krieges nicht gewachsen waren. Der gegenwärtige Krieg trägt den Charakter eines echten Volkskrieges; neben dem Armen kämpft der Reiche, neben dem Hochgestellten der Arbeiter, neben den Familienvätern die heranwachsende männliche Jugend. Und so verschieden alle diese Kriegsteilnehmer nach Vermögen, Beruf und Alter sind, so verschieden sind die Werte, die durch die Beschädigung oder den Tod des Einzelnen in sozialer und wirtschaftlicher Hinsicht gemindert oder vernichtet werden.

Auf diese Verschiedenartigkeit der zur Minderung oder Vernichtung gelangenden Werte hat die bestehende Gesetzgebung zu wenig oder auch gar keine Rücksicht genommen, indem sie den militärischen Dienstgrad bei Bemessung der Versorgungsgebührnisse zu sehr in den Vordergrund gerückt hat.

Auf den ersten Blick erscheint es undurchführbar, einem im Kriege erblindeten Rechtsanwalt dieselbe Rente zuzuerkennen, wie einem erblindeten Kesselflicker; der Witwe eines als Gefreiten gefallenen Diplomingenieurs eine niedrigere Rente zu geben, als der Witwe eines als Unteroffizier gefallenen Maurerpoliers; einem

---

[3]) S. S. 14 Anm. 6.

[4]) Die Vorschriften des Fürsorgegesetzes für militärische Luftfahrer bestimmen im wesentlichen, daß den militärischen Luftfahrern im Falle einer Dienstbeschädigung neben dem Anspruch auf Pension oder Rente ein Anspruch auf eine Luftdienstzulage zusteht, auf welche die Vorschriften über die Kriegszulage des OPG., MVG., MHG. und BHG. Anwendung finden und daß ihre Hinterbliebenen wie die Hinterbliebenen der Kriegsdienstbeschädigten oder im Kriege Gefallenen nach dem MHG. versorgt werden.

19jährigen infolge Kriegsdienstbeschädigung einarmig gewordenen Kaufmann, der Reserve-Leutnant ist, eine Offizierspension, eine Kriegszulage von 1200 Mk. und eine Verstümmelungszulage von 900 Mk. zu bewilligen, dagegen einem 40jährigen Werkmeister mit derselben Kriegsdienstbeschädigung eine Mannschaftsrente, eine Kriegszulage von 180 Mk. und eine Verstümmelungszulage von 324 Mk.

Die Praxis des gegenwärtigen Krieges hat daher auch bald gelehrt, daß die bestehende Gesetzgebung den neuzeitlichen Anforderungen nicht gerecht wird und daß ihre Durcharbeitung nach sozialen Grundsätzen dringendes Erfordernis ist.

Bei einer Neugestaltung der Gesetze müßte meines Erachtens in erster Linie unterschieden[5]) werden zwischen Berufsmilitärpersonen und solchen, die nur in Erfüllung ihrer Militärpflicht im Heere stehen. Wir brauchen nicht ein Offizierspensionsgesetz und ein Mannschaftsversorgungsgesetz, sondern ein Versorgungsgesetz für Berufsmilitärpersonen und ein Versorgungsgesetz für Militärpersonen, welche vorübergehend in Erfüllung ihrer Militärpflicht im Heere stehen.

Und es erscheint mir nicht als Ungeheuerlichkeit, sondern als ein Erfordernis der Billigkeit, wenn in einem Bürgerstaate die Kriegsbeschädigten und Kriegshinterbliebenen berechtigt sein sollen zu verlangen, daß für die Bemessung des ihnen auf Zeit oder Lebensdauer entstandenen Schadens nicht der während einer kurzen Spanne Zeit bekleidete militärische Dienstgrad zugrunde gelegt wird, sondern die im bürgerlichen Leben eingenommene Stellung. Bei Bewertung dieser Stellung wäre in erster Linie das bezogene Arbeitseinkommen zu berücksichtigen. In zweiter Linie dasjenige, das für die Dauer zu erwarten gewesen wäre, sofern es sich als höher darstellt. Hatte der Kriegsbeschädigte kein Arbeitseinkommen, weil er sich z. B. noch in der Berufsausbildung befand, so ist das in Aussicht gestandene Arbeitseinkommen zu berücksichtigen. Bei Bemessung der Gebührnisse auf Grund eines künftigen höheren Arbeitseinkommens wäre bei Kriegsbeschädigten zu berücksichtigen, inwieweit sie durch die Kriegsbeschädigung an der Erreichung dieses höheren Arbeitseinkommens gehindert sind. Neben der Zugrundlegung der bürgerlichen Stellung mag immerhin noch der bekleidete Dienstgrad als die Bezüge erhöhend Berücksichtigung finden, keinesfalls aber darf er, da er ja auch sonst im bürgerlichen Leben für weitaus die meisten Staatsbürger durchaus belanglos ist, als grundlegend und dadurch schädigend in Betracht kommen.

---

[5]) Diese Unterscheidung schlägt Dr. Ritter v. Frey in einem Entwurf eines MVG. für das österreichische Heer vor.

Gegen die sofortige Ausgestaltung des bestehenden Rechts sprach die Erwägung, daß durch sie eine Angelegenheit von größter finanzieller Tragweite entschieden würde, zumal die Zahl der Kriegsbeschädigten und Kriegshinterbliebenen bis zum Kriegsende nicht zu übersehen ist. So haben denn auch die militärischen Versorgungsgesetze seit Kriegsausbruch nur nach zwei Richtungen durch die Gesetzgebung selbst eine Ergänzung erfahren, erstens durch das „Gesetz über die Kriegsversorgung von Zivilbeamten vom 4. August 1914“[6]) und zweitens durch das „Kapitalabfindungsgesetz vom 3. Juli 1916“.[7])

Im übrigen sollen die erkannten Unzulänglichkeiten der Militärversorgungsgesetze erst nach dem Kriege eine reichsgesetzliche Regelung erfahren und zwar wird nach einer Erklärung des Staatssekretärs des Reichsschatzamtes die Vorlage eines Gesetzentwurfs in der ersten Tagung des Reichstags nach dem Friedensschluß erfolgen. Um jedoch schon während des Krieges die bei Anwendung der zurzeit gültigen Gesetzesvorschriften sich ergebenden Härten ausgleichen zu können, hat der Reichstag der Militärverwaltung einen besonderen Fonds in Kapitel 84 a des allgemeinen Pensionsfonds „zum Ausgleich von Härten aus dem Offizierspensionsgesetz, dem Mannschaftsversorgungsgesetz und dem Militärhinterbliebenengesetz“ zur Verfügung gestellt. Einen Rechtsanspruch auf diese Zuwendungen aus dem „Härtenausgleichfonds“ haben die Kriegsbeschädigten und Kriegshinterbliebenen nicht. Die Zuwendungen „können“ nur bewilligt werden, wie denn auch eine Anzahl von Leistungen aus den militärischen Versorgungsgesetzen nur in sogenannten „Kannvorschriften“ enthalten ist.

Durch die Gewährung der staatlichen Leistungen in Gestalt von Pension, Renten, Zulagen und Zuwendungen soll der wirtschaftliche Schaden ausgeglichen werden, den die Kriegsbeschädigten durch ihre Gesundheitsbeschädigung, die Kriegshinterbliebenen durch den Tod des Ernährers erlitten haben. In vielen, vielleicht sogar den meisten Fällen wird den Beteiligten trotz dieses gesetzlichen Ausgleiches ihre frühere Lebenshaltung nicht möglich sein. Bei den kriegsbeschädigten Rentenempfängern trat dies in früheren Zeiten dadurch besonders augenfällig in Erscheinung, daß sie teilweise als Leierkastenmänner umherzogen. Untätig, sich selbst und ihren Mitmenschen zur Last fallend, fristeten sie ihr Leben als Staatsrentner und Almosenempfänger. Die Erscheinung des holzbeinigen Leierkastenmannes ist eines modernen Staates unwürdig.

---

[6]) Nach dem Gesetz haben die Beamten der Zivilverwaltung, die während der Dauer des Kriegszustandes auf Befehl ihrer Vorgesetzten zur Unterstützung militärischer Maßnahmen verwendet werden und damit unter den Befehl des kommandierenden Generals des örtlichen Armeekorps treten, einen gleichen Anspruch auf Pension wie die Beamten der Zivilverwaltung, die während Kriegsdauer bei dem Feld- oder Besatzungsheer als Heeresbeamte verwendet werden.

[7]) S. Anhang zum I und II. Teil S. 59 ff.

Die für die Allgemeinheit zu Krüppeln geworden sind, sollen nicht auf Gnade und Mitleid ihrer Mitmenschen angewiesen sein, nein, es ist ihr gutes Recht, zu verlangen, daß der Staat für sie in auskömmlicher Weise sorge. Der Staat selbst hat ja auch das allergrößte Interesse, daß diese Personen künftighin nicht als untätige Rentenempfänger durchs Leben gehen, denn als solche fallen sie ihm letzten Endes doch zur Last, da sie stets ein retardierendes Moment innerhalb seines Organismus bilden. Er muß daher bestrebt sein, die beschädigten Glieder seiner Gemeinschaft dieser baldigst als möglichst vollwertige wieder einzureihen.

Durch Gewährung von Geldmitteln allein wird dieses Ziel nicht erreicht, da diese sich notwendigerweise in bescheidenen Grenzen bewegen müssen. So mußte der Staat darauf bedacht sein, Mittel und Wege zu finden, die ihn außer der Geldversorgung der weiteren Sorge um die Kriegsbeschädigten und Kriegshinterbliebenen auf die Dauer enthob, ohne daß dadurch das Hinabgleiten der Betreffenden in eine sozial tiefere Stufe zu befürchten wäre. Und der Staat hat den Weg gefunden in einer besonderen Fürsorge, die er für die Kriegsbeschädigten und Kriegshinterbliebenen geschaffen hat.

Die soziale Fürsorge ist staatlich geregelt neben die gesetzliche Versorgung getreten.

Der Grundgedanke dieser sozialen Fürsorge ist der, den Kriegsbeschädigten und Kriegshinterbliebenen beim Übergang in ihre neue Lage mit Rat und Tat zur Seite zu stehen und es ihnen dadurch zu ermöglichen, mit Hilfe der gesetzlichen Versorgungsgebührnisse und selbsttätigen Erwerbs die frühere Lebenshaltung wieder einzunehmen. Dank der Mitwirkung aller Volkskreise, der wetteifernden Tätigkeit von Gemeinden und Korporationen hat diese soziale Fürsorge im Laufe des Krieges eine systematische großzügige Gestaltung erfahren. Art und Umfang der sozialen Fürsorge sei in folgendem kurz dargestellt.

Träger der Fürsorge sind die amtlichen Fürsorgestellen. Die soziale Fürsorge zerfällt in

a) soziale Kriegsbeschädigtenfürsorge,
b) soziale Hinterbliebenenfürsorge.

a) Die soziale Kriegsbeschädigtenfürsorge hat sich zum Ziel gesteckt, die Kriegsbeschädigten als möglichst voll erwerbsfähige, dem Kampf ums Dasein gewachsene Glieder dem Wirtschaftsleben wieder einzureihen. Dieses Ziel sucht sie zu erreichen zunächst durch Berufsberatung. Dabei geht sie von dem Grundsatz aus, die Kriegsbeschädigten, wenn irgend angängig, ihrem alten Berufe wieder zuzuführen. Ist ein Berufswechsel infolge schwerer Beschädigung unbedingt notwendig, so gibt sie den Kriegsbeschädigten Gelegenheit zur kostenlosen Erlernung eines ähnlichen, verwandten oder neuen Berufes und zum Schlusse steht sie ihnen mit Stellen- und Arbeitsvermittlung helfend zur Seite.

b) Die soziale Hinterbliebenenfürsorge hat den Zweck, die Kriegshinterbliebenen durch Beratung und nötigenfalls durch Geldunterstützung nach Möglichkeit ihrer bisherigen Lebensstellung zu erhalten. Dabei erstreckt sich die Fürsorge nicht nur auf die Hinterbliebenen im engeren Sinne (Witwen und Waisen) sondern auch auf solche Verwandte und Angehörige, für die der Verstorbene gesorgt hat. Also auf alle Personen, die durch den Tod des Kriegsteilnehmers eine wirtschaftliche Schädigung erlitten haben, insbesondere auch auf die unehelichen Kinder. Hier ist der ins Leben gerufene „Reichsverband für Kriegspatenschaften" zu erwähnen, durch den die Fürsorgebestrebungen für die Kriegerwaisen eine bedeutende Förderung erfahren haben. Als weitere Gründung ist die „Nationalstiftung für die Hinterbliebenen der im Kriege Gefallenen" zu nennen. Die Fürsorgeberatung erstreckt sich auf alle Fragen des wirtschaftlichen Lebens insbesondere auf die Ordnung der Wirtschaftslage, Wohnungsbeschaffung, Krankenpflege, Berufstätigkeit der Witwe. In erster Linie wird darauf hingewirkt, daß sich die Hinterbliebenen ihren Lebensunterhalt durch eigene Tätigkeit erwerben, soweit er nicht durch die gesetzlichen Versorgungsgebührnisse bestritten werden kann. Erst in zweiter Linie soll die Geldunterstützung einsetzen, vor allem da, wo das Hinabgleiten der Familie in eine sozial tiefere Stufe zu befürchten ist.

So kann und muß durch gesetzliches Versorgungswesen, ausgebaut nach sozialen Grundsätzen und unterstützt durch soziale Fürsorge das Los der Kriegsbeschädigten und Kriegshinterbliebenen nicht nur zu einem erträglichen sondern zu einem befriedigenden gestaltet werden, sofern nur nicht die Betroffenen selbst es am guten Willen fehlen lassen.

---

## I. Teil.

# Die Versorgungsansprüche der Kriegsbeschädigten.

### I. Personenkreis.

Unter Kriegsbeschädigten sind im Sinne dieser Abhandlung alle diejenigen Militärpersonen zu verstehen, die infolge einer durch den Krieg erlittenen Dienstbeschädigung für eine Versorgung auf Grund des OPG. oder MVG. in Betracht kommen. Da die nachfolgend unter Ziffer 2c und unter Ziffer 3 und 4 angeführten Personen nach dem MVG. bzw. OPG. versorgungsberechtigt sind, so gelten auch sie im Sinne dieser Abhandlung als Militärpersonen.

Die Militärpersonen zerfallen in Personen des Soldatenstandes und Militärbeamte. Zu den Personen des Soldatenstandes gehören:

1. Offiziere,[1]) einschließlich der Sanitäts- und Veterinär-offiziere
   a) des Friedensstandes,
   b) des Beurlaubtenstandes,
   c) pensionierte oder zur Disposition gestellte, anläßlich der Mobilmachung zum Militärdienst oder im Dienste der Militärverwaltung wieder herangezogene Offiziere.
2. Mannschaften
   a) Kapitulanten,
   b) Nichtkapitulanten,
   c) auf dem Kriegsschauplatz verwendete Personen der Freiwilligen Krankenpflege.

Zu den Militärbeamten gehören:

1. Heeresbeamte (zu diesen rechnen auch die Zivilbeamten der Militärverwaltung)
   a) des Friedensstandes,
   b) des Beurlaubtenstandes,
   c) pensionierte anläßlich der Mobilmachung zum Dienst in der Militärverwaltung wieder herangezogene Heeresbeamte.
2. Beamte der Zivilverwaltung, Geistliche und andere kirchliche Beamte, die während Kriegsdauer als Heeresbeamte beim Feld- oder Besatzungsheer verwendet werden.
3. Beamte der Zivilverwaltung, die während der Dauer des Kriegszustandes auf Befehl ihrer Vorgesetzten zur Unterstützung militärischer Maßnahmen verwendet werden.
4. Andere Personen, die während Kriegsdauer bei dem Feld- oder Besatzungsheer als Heeresbeamte verwendet werden oder zum Heere in privatrechtlichem Vertragsverhältnis eines Dienstverpflichteten stehen.

Ihrem Range nach zerfallen die Militärbeamten in obere Militärbeamte im Offiziersrange und untere Militärbeamte im Mannschaftsrange vom Feldwebel abwärts.

Nicht zu den Militärbeamten gehören die Beamtenstellvertreter. Diese sind Personen des Soldatenstandes und werden daher wie die Militärpersonen ihres Dienstgrades behandelt.

## II. Die Voraussetzungen eines Versorgungsanspruchs.

### 1. Die Dienstbeschädigung und die Kriegsdienstbeschädigung.

Für die Entstehung eines Versorgungsanspruchs der Kriegsbeschädigten ist in erster Linie Voraussetzung das Vorliegen einer Dienstbeschädigung. Nach § 5 des OPG. und § 3 des MVG. gelten als Dienstbeschädigung Gesundheitsstörungen, welche infolge

[1]) Zu den Offizieren gehören auch die Feldwebelleutnants.

einer Dienstverrichtung oder durch einen Unfall während der Ausübung des Dienstes eingetreten oder durch die dem Militärdienst eigentümlichen Verhältnisse verursacht oder verschlimmert sind. Eine von dem Verletzten vorsätzlich herbeigeführte oder infolge eines Zweikampfs eingetretene Gesundheitsstörung gilt nicht als Dienstbeschädigung.

Da das Gesetz nur die vorsätzlich herbeigeführte Gesundheitsstörung nicht als Dienstbeschädigung gelten läßt, so ist anzunehmen, daß bei einer fahrlässig und auch grobfahrlässig herbeigeführten Gesundheitsstörung Dienstbeschädigung vorliegt. Die Dienstbeschädigung muß, um den Verletzten auch zum Bezug der Kriegszulage zu berechtigen, eine Kriegsdienstbeschädigung sein. Die häufigste Kriegsdienstbeschädigung ist die Kriegsverwundung. Unter Kriegsverwundung ist jede durch feindliche Waffen und andere Kriegsmittel verursachte Gesundheitsstörung zu verstehen. Es ist also ein durch feindliches Trommelfeuer verursachter Nervenchoc oder eine durch feindliches Gasabblasen hervorgerufene Gasvergiftung genau so als Kriegsverwundung anzusehen, wie eine Schußverletzung. Als weitere Kriegsdienstbeschädigungen sind alle Dienstbeschädigungen anzusehen, die auf die besonderen Verhältnisse des Krieges zurückzuführen sind und in der Zeit von Beginn der Mobilmachung bis zum Tage der Demobilmachung erlitten sind:

von Angehörigen mobiler Formationen

a) während des Aufenthalts im Kriegsgebiet und auf dem Hin- und Rückweg,
b) während ihres Aufenthalts außerhalb des Kriegsgebiets insoweit, als die Dienstbeschädigung durch kriegerische Ereignisse oder Zustände verursacht oder mitverursacht sind.

Es gilt aber nicht jede Dienstbeschädigung bei Angehörigen mobiler Formationen und bei Angehörigen immobiler Formationen nicht jede im Kriegsgebiet, sowie auf dem Weg zu diesem oder auf dem Rückweg von diesem erlittene Dienstbeschädigung als Kriegsdienstbeschädigung, sondern ausschlaggebend ist vielmehr der Umstand, daß die Gesundheitsstörung durch die besonderen Verhältnisse des Krieges hervorgerufen oder verschlimmert worden ist. Die Gesundheitsstörung oder die Verschlimmerung einer Gesundheitsstörung muß also mit den besonderen Verhältnissen des Krieges mittelbar oder unmittelbar in ursächlichem Zusammenhang stehen.

Als „durch kriegerische Ereignisse oder Zustände verursacht" sind z. B. Schädigungen anzusehen, die entstanden sind durch Angriffe feindlicher Schiffe oder Luftfahrzeuge, durch Kriegsgefangene bei Auflehnung oder Fluchtversuchen, durch Ansteckung mit Kriegsseuchen. Krankheiten gelten jedoch nur dann als Kriegsseuche, wenn sie nachweislich aus dem Kriegsgebiet eingeschleppt worden sind (z. B. eingeschleppter Typhus, Cholera).[2])

Für die Entstehung eines Versorgungsanspruchs muß die durch eine Dienstbeschädigung verursachte Gesundheitsstörung nach verschiedener Richtung hin wirken, je nachdem es sich um Offiziere (und Beamte) oder Mannschaften handelt. Bei Offizieren muß die Dienstbeschädigung Dienstunfähigkeit, bei den Mannschaften Erwerbsunfähigkeit bzw. Erwerbsbeschränktheit zur Folge haben.

## 2. Die Dienstunfähigkeit.

Nach §§ 1 Abs. 2 und 28 OPG. muß die zu einer Pension berechtigende Dienstbeschädigung Unfähigkeit zu jedem Militärdienst zur Folge haben. Unfähigkeit zu jedem Militärdienst liegt dann vor, wenn der betreffende Offizier durch die Dienstbeschädigung sowohl feld- als auch garnisonsdienstuntauglich geworden ist. Der Nachweis der Dienstunfähigkeit muß durch eine mit Gründen versehene Erklärung der zuständigen Vorgesetzten und durch ein Gutachten der zuständigen Militärärzte erbracht werden. Das Gutachten muß dahin lauten, daß der Offizier nach pflichtmäßigem Ermessen zur Fortsetzung des aktiven Militärdienstes für dauernd unfähig gehalten wird (§ 4 OPG.), d. h. daß der Betreffende für dauernd felddienstunfähig gehalten wird. Für die Beurteilung der Frage, ob und in welchem Grade Dienstunfähigkeit vorliegt, ist die Entscheidung der obersten Militärverwaltungsbehörde des Kontingents maßgebend.[3])

## 3. Die Erwerbsunfähigkeit.

Nach den früheren militärischen Versorgungsgesetzen war für den Rentenanspruch der Mannschaften in erster Linie Dienstunfähigkeit Voraussetzung. Diese Voraussetzung hat das MVG. 1906 fallen lassen. In der Begründung des Entwurfs heißt es u. a. hiezu (S. 21, 22): „Das Gesetz v. 27. Juni 1871 fordert als Bedingung für den Anspruch auf Pension in erster Linie „militärische Dienstunfähigkeit", erst in zweiter Linie tritt als Bedingung „Einschränkung der Erwerbsfähigkeit" hinzu. Hierdurch ist die Gewährung einer Entschädigung in den Fällen ausgeschlossen, in welchen eine Minderung der Erwerbsfähigkeit eingetreten ist, ohne daß zugleich eine Beschränkung der Dienstfähigkeit besteht. Es bleibt daher der Soldat, dessen Erwerbsfähigkeit gemindert ist, für den ihm daraus entstehenden wirtschaftlichen Schaden ohne Entschädigung, wenn er noch zum Militärdienst

[2]) Vgl. KME. v. 19 Mai 1915 Nr 11015 und KME. v. 12 Mai 1916 Nr. 8652.

[3]) S. Zulässigkeit des Rechtswegs S. 35 ff.

völlig tauglich ist. Andererseits kann ein zum Militärdienst untauglicher Soldat eine Versorgung erhalten, ohne in seiner bürgerlichen Erwerbsfähigkeit irgendwie beschränkt zu sein."

Nach dem MVG. 1906 kommt es also für den Erwerb eines Rentenanspruchs nur noch auf die Erwerbsunfähigkeit an. Der § 4 unterscheidet zwei Arten von Erwerbsfähigkeit, die berufliche und die allgemeine. Bei der Beurteilung des Grades der Erwerbsunfähigkeit wird zunächst der von dem Invaliden vor seiner Einstellung in den Militärdienst ausgeübte Beruf berücksichtigt. Der Beruf muß tatsächlich „ausgeübt" worden sein, sonst wird die allgemeine Berufsfähigkeit zugrunde gelegt. Für die Feststellung des Berufs ist in erster Linie die Truppenstammrolle maßgebend, im Zweifel ist er durch die Ermittlung der letzten Beschäftigungsstelle festzustellen.

Der ausgeübte Beruf ist aber für die Beurteilung nicht allein maßgebend. Er wird, wie es im Gesetz heißt, nur „berücksichtigt". Die Berücksichtigung der beruflichen Erwerbsfähigkeit ist insofern von Wichtigkeit, da es Fälle gibt, in denen durch die Verletzung die allgemeine Erwerbsfähigkeit nur unbedeutend oder gar nicht, die berufliche dagegen sehr erheblich beeinträchtigt wird. Ein Schauspieler z. B., dem durch die Verletzung ein kleiner Sprachfehler verbleibt, erscheint unter Zugrundelegung der allgemeinen Erwerbsfähigkeit überhaupt nicht, unter Berücksichtigung der beruflichen aber außerordentlich erwerbsbeschränkt. Dadurch jedoch, daß der Schauspieler infolge des Sprachfehlers zur Ausübung seines Schauspielerberufes unfähig wird, ist noch nicht völlige Erwerbsunfähigkeit anzunehmen, denn neben der Berücksichtigung der beruflichen Schädigung muß auch die Verwertungsmöglichkeit der verbliebenen Erwerbsfähigkeit auf dem allgemeinen Arbeitsmarkt in Betracht gezogen werden.

Nach den Ausführungsbestimmungen des preußischen Kriegsministeriums vom 19. Juni 1906 sind die Grundsätze für die Beurteilung der Erwerbsunfähigkeit in dem Nachtrage I zur Dienstanweisung zur Beurteilung der Militärdienstfähigkeit und zur Ausstellung von militärärztlichen Zeugnissen vom 13. Okt. 1904 enthalten. Hier heißt es u. a. (S. 12 ff.): „für die Annahme voller Erwerbsfähigkeit ist in allen Fällen erforderlich, daß der Beschädigte seine Arbeitsfähigkeit, sei es im Beruf, sei es allgemein auf dem Arbeitsmarkte voll ausnützen kann. Der wirtschaftliche Schaden, welcher dem Einzelnen durch die Beschränkung in der Ausnützung seiner Arbeitskraft und Arbeitsbefähigung erwächst, ist bei der Beurteilung der Erwerbsunfähigkeit ebenso zu berücksichtigen, wie die eigentliche Einbuße an der rohen Arbeitskraft. Augenfällige Entstellungen, Beschränkungen in der Wahl der Arbeitsgelegenheit, dadurch bedingte Herabsetzung der Fähigkeit zum wirtschaftlichen Wettbewerb mit anderen Arbeitsnehmern usw. sind in Betracht zu ziehen. Die Tatsache, daß der Verletzte seinen besonders erlernten Beruf infolge der Gesundheitsstörung nicht mehr ausüben kann, begründet nicht ohne weiteres die Annahme völliger Erwerbsunfähigkeit, aber sie ist bei Feststellung des Grades der Erwerbsunfähigkeit zu berücksichtigen. Je mehr eine Gesundheitsstörung die Verwertung besonders erlernter und wirtschaftlich wertvoller Fertigkeiten behindert und je beschränkter das Arbeitsgebiet des Verletzten durch die Gesundheitsstörung geworden ist, um so höher wird der Grad der Erwerbsunfähigkeit zu bemessen sein. Unter Berücksichtigung dieser beruflichen Erwerbsunfähigkeit ist ein Gesamturteil darüber abzugeben, um wieviel die Erwerbsfähigkeit des Verletzten auf dem gesamten wirtschaftlichen Arbeitsmarkte, der ihm nach Maßgabe seiner Geistes- und Körperkräfte offensteht, Einbuße erlitten hat."

Nicht zu verwechseln mit der Erwerbsfähigkeit ist die Arbeitsfähigkeit. Das Handbuch der Unfallversicherung Bd. I S. 262 führt hiezu u. a. aus: „Erwerbsfähigkeit ist mit Arbeitsfähigkeit nicht gleichbedeutend. Vielmehr enthält der Begriff Erwerbsfähigkeit nicht nur das Erfordernis der ‚Arbeitsfähigkeit' d. h. die Fähigkeit zur Aufwendung von Mühe behufs Erreichung eines vernünftigen, sittlichen und erlaubten Zweckes, sondern auch das Erfordernis, daß die nach dem Stande der Arbeitsfähigkeit ausführbare Arbeit zum Erwerb verwertbar ist, also einen wirtschaftlichen Wert hat. Nur insofern fallen Arbeitsunfähigkeit und Erwerbsunfähigkeit tatsächlich zusammen, als keine Erwerbsfähigkeit vorhanden sein kann, insoweit es an Arbeitsfähigkeit fehlt. Es kann also Erwerbsunfähigkeit vorliegen, weil Arbeitsunfähigkeit besteht. Es kann aber trotz vorhandener Arbeitsfähigkeit die Erwerbsfähigkeit ausgeschlossen oder eingeschränkt sein, weil es an der Verwertbarkeit der dem Erwerbsuchenden noch möglichen Arbeit mangelt." Demnach läßt sich folgende Gleichung aufstellen:

Erwerbsfähigkeit = verwertbare Arbeitsfähigkeit, und wenn wir die Gleichung ins negative umsetzen, so erhalten wir, daß unverwertbare Arbeitsfähigkeit einer Erwerbsunfähigkeit gleichkommt.

Eine Ausnahme von der Berücksichtigung der beruflichen Erwerbsunfähigkeit ist bei Kapitulanten gemacht, die den Zivilversorgungsschein[4]) besitzen, oder an Stelle dieses die laufende Geldentschädigung oder einmalige Abfindung erhalten haben. Die Berücksichtigung des früheren Berufes ist bei Kapitulanten von 12jähriger Dienstzeit überhaupt nicht, bei Inhabern des Zivilversorgungsscheins von kürzerer Dienstzeit sowie bei Inhabern des Anstellungsscheins[5]) nur solange zulässig, als sie eine Anstellung oder Beschäftigung im Zivildienst nicht gefunden haben.

---

[4]) S. S. 25 f.

[5]) S. S. 25 f.

Ein Rentenanspruch wird erworben, wenn die Erwerbsunfähigkeit mindestens 10% beträgt. Eine geringere als 10%ige Erwerbsunfähigkeit stellt keine Erwerbsunfähigkeit im Sinne des Gesetzes dar.

Völlige Erwerbsunfähigkeit liegt vor:

a) bei Personen, welche auch nach Abschluß der ärztlichen Behandlung körperlich um mehr als 90% in ihrer Erwerbstätigkeit beeinträchtigt oder überhaupt zu jeder Arbeit unfähig sind, sowie

b) wenn mit der Wiederaufnahme der Erwerbstätigkeit auch bei Beobachtung der erforderlichen Vorsicht eine unmittelbare Gefahr für den Körperzustand verbunden oder eine Verschlimmerung des Leidens zu erwarten ist;

c) bei Personen, welche geisteskrank sind und dabei ständiger Überwachung bedürfen.

Der Grad der Erwerbsunfähigkeit wird durch die Militärbehörden festgestellt. Der Kriegsbeschädigte hat das Recht Beweismittel beizubringen. Als Beweismittel können in Betracht kommen spezialärztliche Gutachten, Arbeitgeberbestätigungen über den früheren und derzeitigen Verdienst usw. Die auf Grund der Feststellung getroffene Entscheidung wird dem Kriegsbeschädigten schriftlich mitgeteilt. Gegen die Entscheidung einer niederen Behörde kann bei der nächst höheren zuständigen Behörde an letzter Stelle bei der obersten Militärverwaltungsbehörde des Kontingents Einspruch eingelegt werden. Zur Erteilung von Bescheiden sind befugt:

a) in erster Stelle die Regimenter (vor und bei der Entlassung), die Bezirkskommandos (nach der Entlassung);

b) in zweiter Stelle die Generalkommandos;

c) in dritter und letzter Stelle das Kriegsministerium.

Gegen die Festsetzung der Erwerbsunfähigkeit ist nach Maßgabe des § 42 der Rechtsweg zulässig.

## III. Art und Umfang der Ansprüche.

### 1. Die Pension für Offiziere.

Die infolge einer Kriegsdienstbeschädigung[6]) zu jedem Militärdienst unfähig[7]) gewordenen Offiziere[8]) haben zunächst nach § 1 bzw. § 28 des OPG. Anspruch auf Pension solange die Dienstfähigkeit infolge der Dienstbeschädigung aufgehoben ist. Offiziere mit einer Dienstzeit von mindestens 10 Jahren haben Anspruch auf lebenslängliche Pension. Die in § 7 OPG. vorgesehene Pensionsbeihilfe kommt für kriegsbeschädigte Offiziere nicht in Frage, da durch die Kriegszulage[9]) die in § 7 festgelegten Sätze

---

[6]) S. S. 17 ff.
[7]) S. S. 19.
[8]) S. S 17.
[9]) S S. 29

eines Gesamteinkommens erreicht werden. Bei den Offizieren des Friedensstandes richtet sich die Pension nach der Dauer der Dienstzeit und zwar beträgt sie bei 10jähriger oder kürzerer Dienstzeit $^{20}/_{60}$ des zuletzt bezogenen pensionsfähigen Diensteinkommens bis zum Höchstsatz von $^{45}/_{60}$ nach entsprechend weiteren Dienstjahren (§ 6 OPG.). Für die ersten beiden Monate des Pensionsbezugs wird zu der Pension ein Zuschuß (Pensionszuschuß) soweit gegewährt, daß der Betrag der zuletzt bezogenen Gebührnisse an Gehalt und Wohnungsgeldzuschuß erreicht wird.

Die Dienstzeit wird vom Tage des Eintritts in den aktiven Militärdienst bis zum Schlusse des Monats gerechnet, in welchem das Ausscheiden erfolgt. Die Dienstzeit vor dem Beginne des 18. Lebensjahres wird nicht angerechnet. Im Kriegsfalle wird sie jedoch vom Beginne des Krieges beim Eintritt in den Militärdienst während des Krieges vom Tage des Eintritts ab gerechnet. Auch die im Zivildienst des Reiches oder eines Bundesstaates zugebrachte Zeit wird angerechnet. Sodann wird für jeden Krieg, an welchem ein Offizier im Reichsheere teilgenommen hat, zu der wirklichen Dauer der Dienstzeit ein Kriegsjahr hinzugerechnet; jedoch ist für mehrere in ein Kalenderjahr fallende Kriege die Anrechnung nur eines Kriegsjahres zulässig. Unter welchen Voraussetzungen bei einem Kriege von längerer Dauer mehrere Kriegsjahre hinzuzurechnen sind und wer als Kriegsteilnehmer anzusehen ist, bestimmt der Kaiser.

Für den gegenwärtigen Krieg ist diese Bestimmung am 7. September 1915 erfolgt.

Als Teilnehmer an dem gegenwärtigen Kriege gelten:

1. die Angehörigen des deutschen Heeres, der Marine, der Schutz- und Polizeitruppen in den Schutzgebieten, die während des Krieges an einer Schlacht, einem Gefecht, einem Stellungskampf oder an einer Belagerung teilgenommen haben, gleichgültig, ob diese Teilnahme bei den deutschen oder den Streitkräften eines mit dem Deutschen Reiche verbündeten oder befreundeten Staates erfolgt ist;

2. die Angehörigen des deutschen Heeres, der Marine, der Schutz- und Polizeitruppen, die ohne vor den Feind gekommen zu sein (Ziff. 1) sich während des Krieges aus dienstlichem Anlaß mindestens zwei Monate im Kriegsgebiet aufgehalten haben.

Als Kriegsgebiet sind anzusehen:

a) Das Gebiet der Staaten, mit denen das Deutsche Reich und die mit ihm verbündeten oder befreundeten Staaten sich im Kriege befinden, einschließlich der Kolonien dieser Staaten, und Luxemburg;

b) sämtliche deutschen Schutzgebiete;

c) die Gebietsteile des Deutschen Reiches und der mit ihm verbündeten oder befreundeten Staaten, soweit in ihnen kriegerische Operationen stattgefunden haben;

d) das gesamte Meergebiet;

e) das Küstengebiet, soweit sie vom Feinde gefährdet sind.

Eine Anrechnung von Kriegsjahren auf Grund der Ziff. 2 unter c, d, e findet nur für diejenigen Personen statt, die sich in den bezeichneten Gebietsteilen im Falle c während der Dauer kriegerischer Operationen, im Falle d, e während ihrer Gefährdung durch den Feind aufgehalten haben. In zweifelhaften Fällen entscheiden darüber, ob die räumlichen und zeitlichen Voraussetzungen zu c vorliegen, die obersten Verwaltungsbehörden des Heeres, ob sie zu d und e vorliegen, die oberste Marineverwaltungsbehörde. Diese bestimmt auch, bis zu welchen Grenzen Einbuchtungen und Häfen als Meeresgebiet anzusehen sind.

Denjenigen Kriegsteilnehmern, die sowohl im Kalenderjahr 1914 wie im Kalenderjahr 1915 die vorstehenden Bedingungen erfüllt haben, sind zwei Kriegsjahre anzurechnen. Die letzte Bestimmung ist auch auf das Jahr 1916 ausgedehnt worden und wird sich voraussichtlich auch auf das Jahr 1917 erstrecken. Die Zeit einer Freiheitsstrafe von mindestens einjähriger Dauer ist von der Anrechnung als Dienstzeit ausgeschlossen, ebenso die Zeit einer Kriegsgefangenschaft. Unter besonderen Umständen kann die Zeit der Freiheitsstrafe mit Genehmigung des Kontingentsherrn, die Zeit der Kriegsgefangenschaft mit Genehmigung des Kaisers angerechnet werden. Es ist auch anzunehmen, daß die Zeit der Kriegsgefangenschaft, sofern diese unverschuldet erfolgt ist, als Dienstzeit angerechnet wird.

Für pensionierte Offiziere, die anläßlich der Mobilmachung zum aktiven Militärdienst oder zum Dienste in der Militärverwaltung wieder herangezogen worden sind, erhöht sich beim Zurücktreten in das Pensionsverhältnis die Pension mit jedem weiteren Dienstjahr nach Maßgabe des § 6 Abs. 1 OPG. um $^1/_{60}$ oder $^1/_{120}$ bis auf $^{45}/_{60}$ des der Pensionsberechnung zugrunde liegenden Diensteinkommens. Offiziere, die vor dem 1. April 1905 pensioniert waren, können in Grenzen des § 41 Abs. 2 Zuwendungen aus dem Härtenausgleichsfond — Kapitel 84a — erhalten. Was als pensionsfähiges Diensteinkommen während der Dauer eines Krieges anzurechnen ist, bestimmt § 10 OPG. wie folgt:

„Während der Dauer eines Krieges sind als pensionsfähige Diensteinkommen die Gebührnisse derjenigen Friedensstelle anzurechnen, welche der Kriegsstelle entspricht, deren Inhaber der Offizier zuletzt gewesen ist. Auch nach der Beendigung des Krieges sind die Gebührnisse anzurechnen, wenn die Dienstunfähigkeit durch den Krieg entstanden und ein höheres pensionsfähiges Diensteinkommen noch nicht erreicht worden ist. Den Inhabern solcher Stellen, für welche im Frieden mehrere Gehaltsklassen bestehen, ist das Gehalt der höchsten Klasse anzurechnen, sofern im Krieg nur eine Gehaltsklasse besteht; jedoch kommt das Gehalt der niedrigsten Klasse zum Ansatz, wenn der Inhaber der Kriegsstelle einem niederen als dem dieser Stelle im Frieden entsprechenden Dienstgrad angehört." Als Inhaber von Kriegsstellen sind solche Offiziere anzusehen, die mit einer Kriegsstelle beliehen und zum Bezug der Gebührnisse der Stelle berechtigt sind. Nicht Inhaber einer Kriegsstelle ist, wer diese nur vorübergehend bekleidet, in diesem Falle ist er nur Stellvertreter; zu Abs. 2 § 10 OPG. führt Romen OPG. S. 76 aus: „Als Stellen, für die im Frieden mehrere Gehaltsklassen bestehen, im Kriege aber nur eine, kommen in Betracht die der Kompagnie-, Eskadrons- und Batteriechefs usw. — Hauptleute und Rittmeister — Generalärzte, Oberstabsärzte und Stabsärzte. Nach Abs. 2 ist also z. B. einem Hauptmann 2. Klasse, der während des Kriegs oder nach dessen Beendigung ‚durch den Krieg' dienstunfähig geworden ist, bei der Pensionierung das Gehalt des Hauptmanns 1. Klasse als pensionsfähiges Diensteinkommen anzurechnen. Dagegen würde bei einem Leutnant, der im Kriege Kompagnie- usw. Führer oder in der Stelle eines Hauptmanns war, wenn er während des Krieges oder durch den Krieg dienstunfähig geworden ist, das Gehalt eines Hauptmanns 2. Klasse als pensionsfähiges Diensteinkommen in Ansatz zu bringen sein."

## 2. Die Rente, der Zivilversorgungsschein und der Anstellungsschein für Mannschaften.

a) Mannschaften, die infolge einer Kriegsdienstbeschädigung in ihrer Erwerbsfähigkeit ganz oder wenigstens um 10% beschränkt sind, haben zunächst nach § 1 MVG. bei ihrer Entlassung Anspruch auf eine Rente für die Dauer ihrer Erwerbsunfähigkeit bzw. Erwerbsbeschränktheit. Die Höhe der Vollrente — diese wird bei völliger Erwerbsunfähigkeit gewährt — richtet sich nach dem Dienstgrad, dessen Gebührnisse der Invalide zuletzt bezogen hat. Sie beträgt für Feldwebel 900 Mk., Sergeanten 720 Mk., Unteroffiziere 600 Mk. und für Gemeine 540 Mk. Bei teilweiser Erwerbsunfähigkeit werden soviel Prozente der Vollrente gewährt als die Erwerbsunfähigkeit beträgt (Teilrente). Die von der Militärverwaltung festgesetzte[10]) Rente ist keine endgültige. Sie kann sich im Laufe der Zeit erhöhen oder mindern oder ganz wegfallen, je nachdem die Erwerbsunfähigkeit eine größere oder geringere wird oder überhaupt nicht mehr vorhanden ist. Das letztere ist der Fall sowie sie weniger als 10% beträgt. Eine Neufestsetzung oder Entziehung der Rente erfolgt auf Antrag oder von Amts wegen, wenn in den Verhältnissen, welche für die vorhergehende Festsetzung maßgebend gewesen sind, eine wesentliche Veränderung eintritt. Die Prüfung von Anträgen auf Neufestsetzung findet jedoch regelmäßig alljährlich

---

[10]) S. S. 22.

nur einmal statt. Die Rente (wie auch die andern Versorgungsgebührnisse[11]) der Mannschaften) werden von Amts wegen festgesetzt oder entzogen, sobald erwiesen ist, daß die Voraussetzungen, unter denen sie bewilligt worden waren, den tatsächlichen Verhältnissen nicht entsprochen haben.

Diese Veränderlichkeit der Renten ist ein wunder Punkt in der Gesetzgebung. Im Interesse der Kriegsbeschädigten wäre zu wünschen, daß ihnen die Rente auf die ersten 2—3 Jahre als eine unveränderliche gewährt würde, damit sie während der Zeit ihrer Anpassung an die neuen Erwerbsverhältnisse mit einem sicheren Existenzminimum rechnen könnten. Die Furcht vor der Minderung oder dem Wegfall der Rente hat unter den Kriegsbeschädigten eine krankhafte Erscheinung gezeitigt, die sogenannte Rentenpsychose. Aus Furcht vor einer Rentenquetsche unterlassen es vielfach Kriegsbeschädigte, sich möglichst bald nach lohnendem Verdienst umzusehen. Indessen ist diese Furcht eine unbegründete. Die Tatsache der lohnbringenden Beschäftigung oder die Höhe des Verdienstes für sich allein kann den Entzug oder die Minderung der Rente nie zur Folge haben, denn die Höhe der Rente richtet sich nicht nach der Erwerbstätigkeit, sondern nach der Erwerbsfähigkeit. Vor allem können Kriegsbeschädigte, denen wegen Verlustes von Gliedern, des Gehörs oder Augenlichts die Verstümmelungszulage gewährt worden ist, diese nie verlieren, auch wenn sie einen noch so hohen Verdienst erzielen und auch die Kriegszulage wird ihnen in den meisten Fällen verbleiben, sofern ihre Erwerbsunfähigkeit nicht unter 10% herabsinkt.

b) Ist der Invalide Kapitulant,[12]) so hat er Anspruch auf den Zivilversorgungsschein, wenn er zum Beamten würdig und brauchbar erscheint, ist er nicht Kapitulant so kann ihm unter derselben Voraussetzung auf seinen Antrag neben der Rente der Anstellungsschein für den Unterbeamtendienst verliehen werden. Durch den Besitz des Zivilversorgungsscheins erlangt der Kriegsbeschädigte die Eigenschaft eines Militäranwärters und als solcher hat er Anspruch auf mittlere Kanzlei- und Unterbeamtenstellen bei den Reichs- und Staatsbehörden. Der Zivilversorgungsschein gibt jedoch kein Recht auf eine bestimmte Dienststelle. Der Unterschied zwischen Zivilversorgungsschein und Anstellungsschein besteht in folgendem: Zunächst besteht auf den Zivilversorgungsschein ein Rechtsanspruch, während der Anstellungsschein nur gewährt werden kann. Weiterhin hat der Inhaber des Zivilversorgungsscheins einen Anspruch auf Anstellung in mittleren Kanzlei-

---

[11]) Kriegszulage, Verstümmelungszulage s. S. 29 f.

[12]) Als Kapitulanten gelten diejenigen Unteroffiziere und Gemeinen, welche sich über die gesetzliche Dienstzeit hinaus zum aktiven Dienste verpflichtet haben und in dessen Ableistung begriffen sind, ferner die zur Klasse der Unteroffiziere gehörenden Gehaltsempfänger, mit Einschluß der im Range der Unteroffiziere stehenden Verwalter bei dem Kadettenkorps.

und Unterbeamtenstellen, während der Inhaber des Anstellungsscheins nur Unterbeamtenstellen erhalten kann. Die Inhaber des Anstellungsscheines werden nur dann angestellt, wenn keine Militäranwärter vorgemerkt sind oder wenn sich keiner der vorgemerkten zivilversorgungsberechtigten Stellenanwärter zur Annahme der zu besetzenden Unterbeamtenstelle bereit findet.

Den nach § 16 MVG. mit dem Zivilversorgungsschein entlassenen Kapitulanten kann nach § 24 MVG., wenn sie nicht alsbald im Zivildienst Anstellung oder Beschäftigung finden, im Falle des Bedürfnisses eine Rente oder falls sie eine solche beziehen ein Rentenzuschuß bis zur Erreichung der Vollrente ihres Dienstgrades gewährt werden, jedoch längstens auf die Dauer eines Jahres von der Entlassung ab.

Aus dem Härtenausgleichfonds — Kapitel 84a — können Kriegsbeschädigte auf ihren Antrag (beim Bezirksfeldwebel) im Falle der Bedürftigkeit Zusatzrenten erhalten, wenn sie trotz eigener Bemühungen und Inanspruchnahme der Fürsorgestellen[13]) infolge ihrer Kriegsdienstbeschädigung ihr früheres Arbeitseinkommen nicht annähernd wieder erreichen. Die Zusatzrente wird in der Regel nur bei höherer Erwerbsunfähigkeit als $33^1/_3$% gewährt, wenn das jetzige Einkommen mindestens um $^1/_4$ geringer ist, als das vor dem Krieg bezogene, oder den Betrag von 5000 Mk. nicht übersteigt. Als Schaden ist derjenige Verlust an Einkommen anzusehen, der trotz der Bemühungen und ohne Verschulden des Beschädigten nach Abzug der sonstigen Versorgungsgebührnisse (Militärrente und Kriegszulage — jedoch nicht Verstümmelungszulage — Invalidenrente, Unfallrente und aller sonstigen Bezüge aus öffentlichen Quellen) entsteht.

Ein Schaden von weniger als $^1/_4$ des früheren Einkommens wird nicht berücksichtigt. Ebenso bleibt bei einem den Betrag von 3000 Mk. übersteigenden Schaden der Mehrbetrag unberücksichtigt. Die Zuwendung beträgt 30% des Schadens, darf jedoch einschließlich der Militärversorgungsgebührnisse (ohne Verstümmelungszulage) und aller sonstigen Bezüge aus öffentlichen Quellen, sowie des nunmehrigen Arbeitseinkommens nicht $^3/_4$ des früheren Arbeitseinkommens überschreiten.

c) Die auf dem Kriegsschauplatz verwendeten Personen der Freiwilligen Krankenpflege haben nach § 44 MVG. dieselben Versorgungsansprüche wie die Mannschaften. Die Gleichstellung dieser Personen mit den Personen des Soldatenstandes hat darin ihren Grund und Berechtigung, daß sie militärisch organisiert den Anordnungen der Militärbehörde unterworfen sind. Die Personen der Freiwilligen Krankenpflege haben also unter denselben Voraussetzungen wie die Mannschaften zunächst nach § 1 MVG. einen Anspruch auf Rente. Sodann kann ihnen auch auf ihren Antrag

---

[13]) S. S. 15.

bei Würdigkeit und Brauchbarkeit zum Beamten der Anstellungsschein bewilligt werden. Die Vorschriften gelten in gleicher Weise wie für das männliche Personal auch für das weibliche, so daß also auch Krankenpflegerinnen den Anstellungsschein erhalten können. Nach § 44 Abs. 1 erhalten diese Personen — soweit ihnen nicht ein höherer militärischer Rang verliehen ist — die Rente der Gemeinen. Das Rangverhältnis ist wie folgt geregelt:

Zugführer stehen im Range der Feldwebel, Zugführerstellvertreter im Range der Sergeanten, Sektionsführer im Range der Unteroffiziere, das übrige Personal (Krankenpflegerinnen, Krankenpfleger, Krankenträger usw.) im Range der Gemeinen.

### 3. Die Pension für Beamte.

Heeresbeamte, die infolge einer Kriegsdienstbeschädigung dauernd dienstunfähig geworden sind, haben zunächst nach § 36 RBG. Anspruch auf lebenslängliche Pension aus der Reichskasse. Heeresbeamten des Beurlaubtenstandes wird die Pension solange gewährt, als die Dienstunfähigkeit infolge der Dienstbeschädigung aufgehoben ist. Die Pension bemißt sich nach den Vorschriften des RBG. Die auf S. 17 unter den Militärbeamten in Ziff. 2 und 3 angeführten Personen haben gegen den Militärfiskus Anspruch auf Pension (bemessen nach den Vorschriften des RBG.), wenn sie durch eine im Dienst als Heeresbeamte erlittene Dienstbeschädigung zur Fortführung des Zivildienstes dauernd unfähig geworden sind und deshalb aus dem Zivildienst ausscheiden müssen. Die gewährte Pension (nicht aber die Verstümmelungs-[14]) und Alterszulage[15]) tritt bei Beamten der Reichszivilverwaltung an die Stelle der Zivilpension, bei den übrigen Beamten wird sie auf die Zivilpension angerechnet (§ 34 OPG.). Die auf S. 17 unter den Militärbeamten in Ziff. 4 angeführten Personen haben Anspruch auf Pensionsgebührnisse, wenn ihre Erwerbsfähigkeit infolge einer Kriegsdienstbeschädigung um wenigstens 10% gemindert worden ist. Die Höhe der Pension richtet sich nach dem bezogenen Diensteinkommen. Sie beträgt für die Dauer völliger Erwerbsunfähigkeit 75% des pensionsfähigen Diensteinkommens, bei teilweiser Erwerbsunfähigkeit prozentual weniger. Der Grad der Erwerbsunfähigkeit wird von Zeit zu Zeit geprüft und die Pension entsprechend festgesetzt.[16])

Neben dem Anspruch auf Pension bzw. Rente haben kriegsbeschädigte Offiziere und Beamte bzw. Mannschaften und Personen der Freiwilligen Krankenpflege Anspruch auf Kriegszulage und unter bestimm-

---

[14]) S. S. 29 f.

[15]) S. S. 31 f.

[16]) Vgl. § 35 OPG. und die erlassenen Grundsätze des Bundesrats v. 19. Juni 1906, AB. Ziff. 7 und 8.

ter Voraussetzung auf Verstümmelungszulage, auch kann ihnen daneben noch Alterszulage gewährt werden.

4. Die Kriegszulage (§ 12 OPG. und § 14 MVG.).

Die Kriegszulage stellt eine Art Ehrensold dar für die im Kampf ums Vaterland an ihrer Gesundheit geschädigten Kriegsteilnehmer. Voraussetzung für Gewährung der Kriegszulage ist, daß den Kriegsbeschädigten auf Grund einer Kriegsdienstbeschädigung ein Anspruch auf Pension oder Rente zusteht. Die Kriegszulage wird also nicht für sich allein gewährt, sondern nur in Verbindung mit Pension oder Rente (vgl. den Wortlaut im § 12 OPG. „neben dem Anspruch auf Pension" und im § 14 MVG. „neben dem Anspruch auf Rente"). Auf die Kriegszulage besteht ein Rechtsanspruch, dies geht aus der Fassung des § 12 OPG. und § 14 MVG. klar hervor („haben Anspruch").

Die Kriegszulage beträgt jährlich für Offiziere und obere Beamte 1200 bzw. 720 Mk. (§ 12 OPG. und § 32 OPG. Abs. 7), für Unterbeamte 300 Mk., für Mannschaften und Personen der Freiwilligen Krankenpflege 180 Mk. (§ 32 OPG. Abs. 7 und § 14 MVG.), bezüglich der auf S. 17 Ziff. 4 angeführten Personen richtet sich die Höhe der Kriegszulage, je nachdem sie den oberen oder unteren Beamten gleichzuachten sind.

Kriegsbeschädigte Militärpersonen haben also regelmäßig neben dem Anspruch auf Pension bzw. Rente Anspruch auf die Kriegszulage. Für pensionierte Offiziere, die anläßlich der Mobilmachung zum Militärdienst oder zum Dienste in der Militärverwaltung wieder herangezogen werden, gilt die Einschränkung, daß sie nur dann Anspruch auf die Kriegszulage haben, wenn ihre Gesundheit infolge einer Kriegsdienstbeschädigung dauernd gestört worden ist (§ 12 Abs. 3 OPG.). Dasselbe gilt von pensionierten anläßlich der Mobilmachung zum Dienst in der Militärverwaltung wieder herangezogenen Heeresbeamten (§ 32 Abs. 6 OPG.).

5. Die Verstümmelungszulage (§ 11 OPG. und § 13 MVG.).

Die Verstümmelungszulage stellt sich dar als eine besondere Beihilfe, als eine Art Schmerzensgeld für im Kampf ums Vaterland erlittene schwere Gesundheitsschädigung. Sie wird nicht für sich allein gewährt. Ihre Bewilligung setzt einen Anspruch auf Pension oder Rente voraus (vgl. den Wortlaut in § 11 OPG. und § 13 MVG. „neben" dem Anspruch).

Auf die Verstümmelungszulage besteht teils ein Rechtsanspruch, teils kann sie gewährt werden. Ein Rechtsanspruch darauf besteht bei dem Verluste einer Hand, eines Fußes, der Sprache, des Gehörs auf beiden Ohren, und bei Verlust oder Erblindung beider Augen (im letzten Fall in doppelter Höhe). Die Verstümmelungszulage kann gewährt werden bei Störung der Bewegungs- und Gebrauchsfähigkeit einer Hand, eines Armes, eines Fußes oder Beines, wenn die Störung so hochgradig ist, daß sie dem Verluste des Gliedes gleichzuachten ist, bei Verlust oder Erblindung eines Auges im Falle nicht völliger Gebrauchsfähigkeit des andern Auges, bei andern schweren Gesundheitsstörungen, wenn sie fremde Pflege und Wartung nötig machen. Wird durch eine dieser Gesundheitsbeschädigungen schweres Siechtum verursacht in dem Grade, daß der Verletzte dauernd an das Krankenlager gefesselt ist oder besteht die Gesundheitsbeschädigung in Geisteskrankheit, so kann die einfache Verstümmelungszulage bis auf den doppelten Betrag erhöht werden. Die einfache Verstümmelungszulage beträgt jährlich für Offiziere und obere Beamte 900 Mk., für Mannschaften und untere Beamte 324 Mk. Bezüglich der auf S. 17 Ziff. 4 angeführten Personen richtet sich die Höhe der Verstümmelungszulage je nachdem sie als obere oder untere Beamte anzusehen sind. Die Verstümmelungszulage wird bei mehrfacher Verstümmelung auch mehrfach gewährt (beachte den Wortlaut im § 11 Abs. 2 OPG. „jährlich je 900 Mk.“, Abs. 3 „die Verstümmelungszulage von je 900 Mk.“ und in § 13 Abs. 2 MVG. „monatlich je 54 Mk.“, Abs. 3 „die Verstümmelungszulage von je 27 Mk.“). Kriegsbeschädigte Militärpersonen haben also bei schwerer Gesundheitsschädigung auf die Dauer dieses Zustandes regelmäßig neben dem Anspruch auf Pension bzw. Rente und neben dem Anspruch auf Kriegszulage Anspruch auf die Verstümmelungszulage.

Für die Zivilbeamten[17]) der Militärverwaltung gilt die Einschränkung, daß sie die Verstümmelungszulage nur dann erhalten, wenn sie die Kriegsbeschädigung als Militärpersonen erlitten oder wenn die besonderen Fährlichkeiten des Militärverwaltungsdienstes die Dienstbeschädigung verursacht oder ihre Folgen verschlimmert haben (§ 32 Abs. 1 OPG.).

Wie schon gesagt ist die Verstümmelungszulage ihrem Wesen nach eine Art Schmerzensgeld. Sie ist keine Rente, die die Erwerbseinbuße ausgleichen soll, denn sie wird ohne Rücksicht auf die Erwerbsbeschränktheit gewährt. Vielfach wird ja wohl in den Fällen, in denen die Verstümmelungszulage gewährt wird, gleichzeitig auch eine erhebliche Erwerbsbeschränktheit gegeben sein, das braucht jedoch nicht immer der Fall zu sein. Es ist insbesondere zu beachten, daß bei der Vollendung der modernen Technik die durch Verstümmelung hervorgerufene Erwerbsbeschränktheit durch geschickte Prothesen außerordentlich gemindert wird. Daß die Ver-

---

[17]) S. S. 17.

stümmelungszulage im allgemeinen als eine Art Schmerzensgeld zu betrachten ist für Gliederverluste, geht auch daraus hervor, daß die völlige Bewegungs- und Gebrauchsunfähigkeit eines Gliedes doch nicht gänzlich dem Verluste des Gliedes gleichgestellt ist, denn bei dem Verluste des Gliedes gewährt das Gesetz dem Beschädigten einen Rechtsanspruch auf die Zulage, während er bei völliger Bewegungs- und Gebrauchsunfähigkeit die Verstümmelungszulage nur erhalten kann.

Der Gesetzgeber hat sich wohl von dem Gedanken leiten lassen, daß der Verlust wichtiger Gliedmaßen eine Schädigung bedeutet, die nicht nur in der Erwerbseinbuße zum Ausdruck kommt. Unter diesem Gesichtspunkt betrachtet, sind aber die vom Gesetzgeber vorgesehenen Fälle, in denen eine Verstümmelungszulage gewährt wird oder werden kann, nicht ausreichend. Verstümmelungszulage müßte meines Erachtens auch gewährt werden in den Fällen dauernder schwerer Entstellung und bei Verlust der Zeugungsfähigkeit. Die große ideelle Schädigung, welche die Betroffenen in den beiden letzten Fällen allein durch die Erschwerung oder Unmöglichkeit einer Verheiratung erleiden, erfordert einen materiellen Ausgleich. Diese Gleichstellung des Verlustes der Zeugungsfähigkeit und der dauernden schweren Entstellung mit dem Verluste wichtiger Glieder treffen wir ja auch im Strafrecht bei der qualifizierten Körperverletzung in § 224 RStGB.

### 6. Die Alterszulage (§ 13 OPG. und § 26 MVG.).

Die Alterszulage stellt sich dar als Sicherung eines gewissen Existenzminimums für Kriegsbeschädigte im höheren Alter (Vollendung des 55. Lebensjahres) oder bei vorheriger dauernder völliger Erwerbsunfähigkeit.[18]) Sie wird — ebenso wie die Kriegszulage und Verstümmelungszulage — nicht für sich allein gewährt, ihre Bewilligung setzt den Empfang der Kriegszulage voraus und somit auch den einer Pension bzw. Rente, da für die Bewilligung der Kriegszulage ihrerseits wieder der Empfang einer Pension oder Rente notwendige Voraussetzung ist. Ein Rechtsanspruch besteht auf die Alterszulage nicht. Sie kann kriegsbeschädigten Militärpersonen, die Empfänger der Kriegszulage sind, und deren jährliches Gesamteinkommen 3000 bzw. 900 Mk. bzw. 600 Mk. nicht erreicht, bis zur Erreichung dieser Beträge gewährt werden vom 1. Tage des Monats ab, in welchem diese Personen das 55. Lebensjahr vollendet haben oder, wenn dauernde völlige Erwerbsunfähigkeit festgestellt ist, auch schon früher. Unter Gesamteinkommen ist nach der Begr. jede Art von Einkommen zu verstehen ohne Rücksicht auf die Quelle, aus der es fließt. Der Betrag von 3000 Mk. ist für das Gesamteinkommen

[18]) S. S. 19 ff.

der Offiziere und oberen Beamten, der von 900 Mk. für das der unteren Beamten und der von 600 Mk. für das der Mannschaften festgesetzt.

Bezüglich der auf S. 17 Ziff. 4 angeführten Personen richtet sich die Höhe der Alterszulage und des Gesamteinkommens je nachdem sie als obere oder untere Beamte anzusehen sind.

## IV. Die Geltendmachung der Ansprüche und Schadenersatz (§§ 2, 12 letzter Abs. OPG. u. 2, 14 Abs. 2 MVG. und §§ 38 OPG., 41 MVG.).

a) Der Anspruch auf Pension bzw. Rente kann, wenn er auf einer Kriegsverwundung[19]) beruht, ohne Zeitbeschränkung geltend gemacht werden. Beruht er auf einer sonstigen Kriegsdienstbeschädigung,[19]) so muß er bis zum Ablauf von 10 Jahren nach dem Friedensschluß geltend gemacht werden. Beim Fehlen eines Friedensschlusses beginnt der Lauf der 10jährigen Frist mit dem Schluß des Jahres, in welchem der Krieg beendigt worden ist. Für die Geltendmachung des Anspruchs auf Kriegszulage gelten dieselben Bestimmungen, sie kann also beim Vorliegen einer Kriegsverwundung jederzeit, beim Vorliegen einer sonstigen Kriegsdienstbeschädigung muß sie innerhalb 10 Jahren nach Friedensschluß erfolgen. Bei Nichteinhaltung der vorgeschriebenen Frist geht der Anspruch verloren, es sei denn, daß der Kriegsbeschädigte den Nachweis erbringt, daß er von der Anmeldung seines Anspruchs durch außerhalb seines Willens liegende Verhältnisse abgehalten worden ist.

In diesem Falle muß jedoch der Anspruch bis zum Ablauf von 3 Monaten erfolgt sein, nachdem das Hindernis für die Anmeldung weggefallen ist. Als „außerhalb des Willens liegende Verhältnisse“ kann z. B. schwere Erkrankung, Geisteskrankheit gelten, keinesfalls aber Unkenntnis der gesetzlichen Vorschriften. Die Geltendmachung des Anspruchs auf Verstümmelungszulage ist an keine Frist gebunden.

b) Die Kriegsbeschädigten haben aus dem Grunde ihrer Dienstbeschädigung gegen die Militärverwaltung nur die auf dem OPG. bzw. MVG. beruhenden Ansprüche. Soweit ihnen wegen der Dienstbeschädigung ein Schadensersatzanspruch gegen Dritte zusteht, geht dieser im Umfang der durch das OPG. bzw. MVG. begründeten Pflicht zur Gewährung von Versorgungsgebührnissen auf die Militärverwaltung über. Durch Einfügung dieser Vorschrift im § 38 OPG. und § 41 MVG. sichert sich die Militärverwaltung gegen den Eintritt einer allgemeinen Schadensersatzpflicht nach § 823 BGB. Diese wäre in den Fällen gegeben, in denen die Gesundheitsstörung durch Verschulden der Militärverwaltung hervorgerufen worden ist.

---

[19]) S. S. 17 ff.

## V. Beginn und Ende der Ansprüche
(§§ 20, 21 OPG. und 32 MVG.).

Die Zahlung der Pensionsgebührnisse beginnt mit dem Ablaufe des Monats, für welchen zuletzt Besoldungsgebührnisse gezahlt worden sind. Ist der Anspruch auf Pensionsgebührnisse erst nach dem Ausscheiden aus dem aktiven Militärdienst erhoben worden, so beginnt die Zahlung mit dem ersten Tage des Monats, in welchem die Bedingungen für den Anspruch erfüllt sind, frühestens jedoch mit dem ersten Tage des Monats, in welchem der Anspruch erhoben worden ist.

Die Zahlung der Versorgungsgebührnisse für die Mannschaften beginnt mit dem ersten Tage des auf die Entlassung folgenden Monats. Ist der Anspruch erst nach der Entlassung aus dem Dienste angemeldet worden, so beginnt die Zahlung mit dem Monat, in welchem die Bedingungen für die Gewährung der Versorgungsgebührnisse erfüllt sind, frühestens aber mit dem Monat, in welchem die Anmeldung erfolgt ist. Das gleiche gilt bei Anmeldung eines höheren Anspruchs. Eine Minderung[20]) oder Entziehung[20]) der Versorgungsgebührnisse tritt mit dem Ablaufe des Monats in Wirksamkeit, in welchem der die Veränderung aussprechende Bescheid zugestellt worden ist.

## VI. Erlöschen und Ruhen der Ansprüche
(§§ 22—26 OPG. und §§ 33—38 MVG.).

Das Recht auf den Bezug der Pensionsgebührnisse[21]) erlischt

1. mit der Wiederanstellung im aktiven Militärdienst gegen Gehalt;

2. durch rechtskräftige Verurteilung zu Zuchthausstrafe wegen Hochverrats, Landesverrats, Kriegsverrats oder wegen Verrats militärischer Geheimnisse.

Das Recht auf den Bezug der Pensionsgebührnisse ruht

1. solange der Berechtigte nicht Reichsangehöriger ist;

2. solange sich der Berechtigte im Ausland aufhält und gegen ihn die öffentliche Klage wegen einer oben in Ziff. 2 angeführten, mit Zuchthaus bedrohten Straftat erhoben oder die Einleitung der Strafverfolgung angeordnet ist.

Das Recht auf den Bezug der Pension und des Pensionszuschusses[22]) ruht in vollem Umfang für die Dauer der Versorgung in einem Invalideninstitute durch Verleihung einer etatmäßigen Stelle, in beschränktem, in §§ 24 und 26 OPG. näher

---

[20]) S. S. 25 f.

[21]) Das Gesetz unterscheidet zwischen Pension und Pensionsgebührnissen. Unter Pension ist diese allein, unter Pensionsgebührnissen, die Pension, sowie alle neben ihr in Betracht kommenden Zulagen zu verstehen.

[22]) S. S. 23.

bezeichnetem Umfang, bei vorübergehender Heranziehung zum aktiven Militärdienst gegen Gehalt und während einer Anstellung oder Beschäftigung im Zivil- oder Gendarmeriedienst. In den letzten drei Fällen wird aber durch das Ruhen der Pension und des Pensionszuschusses das Recht auf den Bezug der Kriegszulage und Verstümmelungszulage nicht berührt.

Für das Erlöschen und Ruhen der Pensionsgebührnisse der Beamten gelten im allgemeinen dieselben Vorschriften, nur daß an Stelle des § 24 OPG. für die Heeresbeamten die Vorschriften des § 57 Nr. 2 und der §§ 58—60 des RBG. treten.

Das Recht auf den Bezug der Versorgungsgebührnisse[23]) für Mannschaften erlischt, einmal in den für das Erlöschen der Pensionsgebührnisse angeführten beiden Fällen, sodann mit der Beförderung zum aktiven Offizier. Der Zivilversorgungsschein und Anstellungsschein erlischt mit der Beförderung zum aktiven Offizier und mit dem Austritt aus dem Zivildienst in den Ruhestand gegen Pension. Beide Scheine sind verwirkt bei rechtskräftiger Verurteilung zu einer Strafe, welche die dauernde Unfähigkeit zur Begleitung öffentlicher Ämter von Rechts wegen zur Folge hat.

Das Recht auf den Bezug der Versorgungsgebührnisse ruht in den für das Ruhen der Pensionsgebührnisse angeführten Fällen. Das Recht auf den Bezug der Rente und des Rentenzuschusses[24]) ruht, solange der Berechtigte sich in einem Invalideninstitut oder in einer militärischen Kranken-, Heil- oder Pflegeanstalt befindet. Ist der Berechtigte Ernährer einer Familie, so wird die Rente nach Bedürfnis ganz oder teilweise gewährt.

Bei vorübergehender Heranziehung zum aktiven Militärdienst ruht die Rente und der Rentenzuschuß in Höhe des gewährten Diensteinkommens und während einer Anstellung oder Beschäftigung im Zivildienst in beschränktem in § 36 MVG. näher bezeichnetem Umfang.

## VII. Ausschluß der Pfändbarkeit und Besteuerung der Versorgungsansprüche und ihre sonstigen Eigenarten.

Durch die Gewährung von Versorgungsgebührnissen will der Staat die Existenz der Kriegsbeschädigten in einem gewissen Umfang sicherstellen. Um die Versorgungsgebührnisse zu möglichst unkürzbaren und persönlichen zu gestalten, hat sie der Gesetzgeber in weitestem Umfang der Besteuerung und Pfändung entzogen. Insoweit die Versorgungsgebührnisse der Pfändung entzogen sind, können sie auch nicht übertragen werden (BGB. § 400) und es kann auch nicht gegen sie aufgerechnet werden (BGB. § 394).

---

[23]) Unter Versorgungsgebührnissen ist nicht allein die Rente, sondern auch alle neben ihr gewährten Zulagen zu verstehen.
[24]) S. S. 27.

1. Die Verstümmelungszulage, die Kriegszulage und die Alterszulage sind gänzlich steuerfrei. Pension und Renten unterliegen dagegen der Besteuerung.

2. Die Pfändung sämtlicher Versorgungsgebührnisse ist ohne Beschränkung zulässig wegen des Anspruchs des Militärfiskus auf Rückzahlung zu Unrecht erhobener Beträge.

3. Der Pfändung gänzlich entzogen sind die Renten, die Verstümmelungszulage, die Kriegszulage und die Alterszulage.

4. Der Pfändung beschränkt entzogen ist die Pension. Nach § 850 der ZPO. ist die Pension bis zum Betrag von 2000 Mk.[25]) der Pfändung nicht unterworfen. Übersteigt die Pension den Betrag von 2000 Mk.,[25]) so ist der dritte Teil des Mehrbetrags pfändbar. Es gelten jedoch folgende Ausnahmen:

„Die Pfändung ist ohne Rücksicht auf den Betrag zulässig, wenn sie wegen der den Verwandten, dem Ehegatten und dem früheren Ehegatten für die Zeit nach Erhebung der Klage und für das diesem Zeitpunkte vorausgehende letzte Vierteljahr kraft Gesetzes zu entrichtenden Unterhaltsbeiträge beantragt wird. Das gleiche gilt in Ansehung der zugunsten eines unehelichen Kindes von dem Vater für den bezeichneten Zeitraum kraft Gesetzes zu entrichtenden Unterhaltsbeiträge; diese Vorschrift findet jedoch insoweit keine Anwendung, als der Schuldner zur Bestreitung seines notdürftigen Unterhalts und zur Erfüllung der ihm seinen Verwandten, seiner Ehefrau oder seiner früheren Ehefrau gegenüber gesetzlich obliegenden Unterhaltspflicht der Bezüge bedarf. Hierbei werden ausschließlich die Leistungen berücksichtigt, welche vermöge einer solchen Unterhaltspflicht für den nämlichen Zeitraum oder, falls die Klage zu Gunsten des unehelichen Kindes nach der Klage eines Unterhaltsberechtigten erhoben ist, für die Zeit von dem Beginne des der Klage dieses Berechtigten vorausgehenden letzten Vierteljahres ab zu entrichten sind."

Die Verstümmelungszulage, die Kriegszulage und die Alterszulage sind für Mannschaften und Unterbeamte keine Bezüge im Sinne des § 48 Abs. 1 Nr. 2 des Invalidenversicherungsgesetzes vom 13. Juli 1899, d. h. das Recht auf den Bezug einer Invalidenrente ruht nicht neben diesen Zulagen.

## VIII. Die Zulässigkeit des Rechtswegs.

Die Versorgung aus dem OPG. und MVG. beruht zu einem Teil auf einem Rechtsanspruch, zum andern Teil stellt sie nur Bewilligungen oder Zuwendungen dar, die nicht auf einem Rechtstitel beruhen, sondern lediglich nach freiem Ermessen der obersten Militärverwaltungsbehörde gewährt werden **können**. Diese Unter-

[25]) Durch BVO. v. 17. Mai 1915, RGBl. S. 285, wurde die der Pfändung nicht unterworfene Summe von 1500 Mk. auf 2000 Mk. heraufgesetzt.

scheidung geht aus den einzelnen Gesetzestexten klar hervor. Bei Versorgungsgebührnissen, auf die ein Rechtsanspruch besteht, gebraucht das Gesetz die Worte „haben Anspruch", „ist zu gewähren", „ist anzurechnen", „wird angerechnet" usw. Die Bewilligungen oder Zuwendungen dagegen sind in Kannvorschriften enthalten; hier werden die Worte gebraucht „kann gewährt werden", „kann erhöht werden" usw. Diese in Kannvorschriften enthaltenen Gebührnisse können, falls sie von der obersten Militärverwaltungsbehörde verweigert werden, natürlich auch nicht auf dem Klageweg erstritten werden, da für die oberste Militärverwaltungsbehörde eine Leistungspflicht im Sinne des § 241 BGB. nicht besteht; aber auch die eigentlichen Rechtsansprüche können nicht uneingeschränkt auf dem Wege der Klage geltend gemacht werden.

a) Zunächst muß einmal der Klage die Entscheidung der obersten Militärverwaltungsbehörde des Kontingents vorausgehen. Die obersten Militärverwaltungsbehörden sind die Kriegsministerien. Es muß also zunächst der Instanzenzug innerhalb der Militärverwaltungsbehörden erschöpft sein d. h. es muß gegen die Entscheidung einer niederen Behörde[26]) unter Einhaltung einer Präklusivfrist von drei Monaten bei der nächsthöheren zuständigen Behörde, an letzter Stelle bei der obersten Militärverwaltungsbehörde des Kontingents Einspruch eingelegt worden sein. Wird die Klage erhoben, ehe die Entscheidung der obersten Militärverwaltungsbehörde vorliegt, so könnte der Militärfiskus als deren Vertreter die prozeßhindernde Einrede der Unzulässigkeit des Rechtswegs gemäß § 274 Abs. 2 Nr. 2 ZPO. geltend machen. Aber auch ohne Vorbringung dieser prozeßhindernden Einrede muß das Prozeßgericht den Kläger abweisen, da es die Frage, ob die gesetzliche Vorentscheidung vorliegt, von Amts wegen zu prüfen hat.[27]) Das Klagerecht geht verloren, wenn gegen die Entscheidung der niederen Behörde nicht rechtzeitig Einspruch eingelegt oder wenn die Klage nicht bis zum Ablaufe von sechs Monaten nach Zustellung der Entscheidung der obersten Militärverwaltungsbehörde des Kontingents erhoben wird. In diesen beiden Fällen geht also mit dem Klagerecht der Anspruch selbst endgültig verloren.

Auf die sechsmonatliche Frist finden die Verjährungsvorschriften des BGB. §§ 203, 206 Anwendung. Darnach läuft die Frist nicht, solange der Berechtigte durch Stillstand der Rechtspflege an der Verfolgung seines Anspruchs gehindert ist und die Frist wird, wenn es sich um einen Geschäftsunfähigen oder in der Geschäftsfähigkeit Beschränkten ohne gesetzlichen Vertreter handelt, nicht vor dem Ablauf von sechs Monaten nach dem Zeitpunkt vollendet, in welchem er unbeschränkt geschäftsfähig geworden ist oder der Mangel der Vertretung aufgehört hat. Der letzte Fall

---

[26]) S. S. 22.
[27]) Vgl. Romen, Militärpensionsgesetze II S. 170.

ist gegeben bei volljährigen Geisteskranken (§ 104 BGB.), die also nicht schon in der Person ihres elterlichen Gewalthabers einen gesetzlichen Vertreter besitzen. Bei solchen Kriegsbeschädigten ist mit der Einleitung des Versorgungsverfahrens von der zuständigen Militärbehörde von Amts wegen die Bestellung eines gesetzlichen Vertreters beim zuständigen Vormundschaftsgericht zu beantragen. Diesem Vertreter sind die Bescheide und Entscheidungen zuzustellen.

Die Frist beginnt mit der ordnungsmäßigen Zustellung der Entscheidung. Nach § 29 MVG. muß jede Entscheidung die Bezeichnung der für den Einspruch zuständigen Behörde sowie die Belehrung über die einzuhaltende Frist enthalten. Fehlt diese Bezeichnung oder Belehrung, so kann der Berechtigte geltend machen, daß die Zustellung nicht ordnungsmäßig erfolgt ist und daher auch eine etwaige Fristversäumnis nicht vorliegt, weil die Frist wegen mangelhafter Zustellung überhaupt nicht zu laufen begonnen hat. Die Zustellung der Bescheide und Entscheidung erfolgt regelmäßig gegen Empfangsschein durch die Post.

Ob die Frist gewahrt ist, hat das Gericht von Amts wegen zu prüfen. Ist die Frist fruchtlos verstrichen, so besteht kein Klagerecht mehr. Die Klage ist dann wegen Unzulässigkeit des Prozeßwegs abzuweisen.[28]

Für die Klagen wegen Ansprüchen aus dem OPG. und MVG. gilt nach § 39 OPG. und § 42 MVG. ein ausschließlicher Gerichtsstand und zwar sind die Landgerichte zuständig. Infolge dieses ausschließlichen Gerichtsstandes muß sich der Kläger stets durch einen Rechtsanwalt vertreten lassen (§ 78 ZPO.) und findet die Revision ohne Rücksicht auf den Wert des Beschwerdegegenstandes statt (§ 547 ZPO.).

b) Für die Beurteilung der vor Gericht geltend gemachten Ansprüche sind die Entscheidungen der obersten Militärverwaltungsbehörde des Kontingents darüber maßgebend:

1. ob eine Gesundheitsstörung als eine Dienstbeschädigung[29] anzusehen ist (§§ 5, 32—34 OPG., § 3 MVG.);

2. ob und in welchem Grade Dienstunfähigkeit[30] vorliegt (§§ 1, 4, 28);

3. ob eine Dienstbeschädigung oder Aufhebung oder Minderung der Erwerbsfähigkeit als durch den Krieg herbeigeführt[31] anzusehen ist (§§ 12, 35 OPG. und § 14 MVG.);

4. ob Brauchbarkeit und Würdigkeit[32] zum Beamten besteht (§§ 15—17, 20 MVG.).

Über diese Fragen entscheidet innerhalb der obersten Militärverwaltungsbehörde des Kontingents ein aus 3 Offizieren oder

---

[28] Vgl. Romen, Militärpensionsgesetze II S. 173.
[29] S. S. 17 ff.
[30] S. S. 19.
[31] S. S. 17 ff.
[32] S. S. 26 f.

Beamten der Heeresverwaltung gebildetes Kollegium endgültig (§ 40 OPG. und § 43 MVG.). Durch die Vorschriften des § 40 OPG. und § 43 MVG. hat das Gesetz einige wichtige Fragen über die Voraussetzungen von Versorgungsansprüchen der richterlichen Beurteilung völlig entzogen. Diese Fragen fallen hauptsächlich in das militär-technische Gebiet und deshalb ist die Entscheidung hierüber einem „Fachkollegium" übertragen worden.

Die Entscheidung dieses Fachkollegiums ist eine unanfechtbare und endgültige. Das Gericht selbst darf in die Prüfung der der Beurteilung dieses Kollegiums vorenthaltenen Fragen überhaupt nicht eintreten, es hat die Entscheidungen des Fachkollegiums seinem Urteil zugrunde zu legen. Im übrigen kann nicht nur wegen der Ansprüche als solcher der Rechtsweg beschritten werden, sondern auch wegen aller Streitigkeiten, über die auf Grund des Gesetzes geltend zu machenden Ansprüche, soweit hierüber eben nicht die Entscheidung des Kollegiums maßgebend ist.

---

## II. Teil.

# Die Versorgungsansprüche der Kriegshinterbliebenen.

### I. Personenkreis.

Unter Kriegshinterbliebenen sind im Sinne dieser Abhandlung alle diejenigen Personen zu verstehen, die durch den infolge einer Kriegsdienstbeschädigung [1]) eingetretenen Tod einer Militärperson [2]) für eine Kriegsversorgung aus dem Militärhinterbliebenengesetz [3]) in Betracht kommen. Die Militärperson muß regelmäßig [4]) dem Feldheer oder dem auf dem Kriegsschauplatz verwendeten Personal der Freiwilligen Krankenpflege angehört haben. Die für eine Versorgung in Betracht kommenden Personen lassen sich einteilen in

1. Verwandte,
2. Unterhaltsberechtigte.[5])

Diese haben teils einen Rechtsanspruch auf Versorgung, teils kann sie ihnen gewährt werden. Einen Versorgungsanspruch haben

---

[1]) Über den Begriff der Kriegsdienstbeschädigung s. I. Teil S. 17 ff.

[2]) S. I. Teil S. 16 I.

[3]) Seit Kriegsausbruch ist durch kriegsministerielle Erlasse in verschiedenen Punkten eine Abänderung bzw. Ergänzung der Vorschriften des MHG. erfolgt. Insbesondere hat der Personenkreis der für eine Versorgung in Betracht Kommenden eine Erweiterung erfahren. Diese Abänderungen und Ergänzungen werden, soweit sie bis zum 5. Mai 1917 ergangen sind, berücksichtigt.

[4]) Ausnahmen s. § 26 MHG. Abs. 2. Vgl. S. 52 Ziff. 3.

[5]) Unterhaltsberechtigte (uneheliche Kinder, Stief-, Adoptiv-, Pflegekinder, die schuldlos geschiedene Ehefrau) kommen für Zuwendungen aus Kapitel 84a in Betracht. S. S. 57 VII.

nur die Witwe, die ehelichen und legitimierten Kinder. Unter gewissen Voraussetzungen können eine Versorgung erhalten die Verwandten der aufsteigenden Linie, das sind die Eltern, Großeltern usw., dann Geschwister, die schuldlos geschiedene Ehefrau, uneheliche Kinder, Stief-, Adoptiv- und Pflegekinder.

## II. Die verschiedenen Versorgungsarten.

### A. Allgemeine Versorgung.

Das MHG. unterscheidet zwischen allgemeiner Versorgung (auch Friedensversorgung genannt) und Kriegsversorgung. Man wäre geneigt aus dieser Unterscheidung zu schließen, daß die allgemeine Versorgung in Friedenszeiten, die Kriegsversorgung während eines Krieges zur Anwendung gelangt. Dem ist jedoch nicht so, die allgemeine Versorgung und die Kriegsversorgung werden nebeneinander gewährt (§ 29 Abs. 4). Die allgemeine Versorgung besteht aus Witwen- und Waisengeld.

1. Einen Rechtsanspruch auf die allgemeine Versorgung haben die Witwen und die ehelichen oder legitimierten Kinder von

a) Offizieren des Friedensstandes, die nach einer pensionsberechtigenden Dienstzeit von 10 Jahren gestorben sind (§ 1 MHG. und § 1 OPG.).

b) Offizieren mit kürzerer als 10jähriger Dienstzeit, die auf Grund einer Dienstbeschädigung unter Würdigung der Umstände des einzelnen Falles eine Pension auf Lebenszeit erhalten haben würden, wenn sie am Todestag in den Ruhestand versetzt worden wären (§ 1 MHG. und § 1 OPG.).

c) Mannschaften, die während der Zugehörigkeit zum aktiven Heer entweder infolge einer Dienstbeschädigung oder nach 10jähriger Dienstzeit gestorben sind.

2. Die allgemeine Versorgung kann bewilligt werden den Witwen und ehelichen oder legitimierten Kindern von

a) Offizieren des Beurlaubtenstandes, denen zurzeit ihres Todes ein Anspruch auf Pension aus der Reichskasse im Falle der Verabschiedung zugestanden hätte. Dies ist nach § 28 OPG. der Fall, wenn der Offizier infolge einer Dienstbeschädigung zu jedem Militärdienst unfähig geworden ist.[6])

b) Verabschiedeten Offizieren des Beurlaubtenstandes, die eine Pension aus der Reichskasse zu beziehen hatten.

c) Offizieren, die mit oder ohne Pension ausgeschieden, zum aktiven Militärdienst vorübergehend wieder herangezogen worden sind, falls die Ehe nach dem Ausscheiden aus dem Friedensstande geschlossen worden ist.

Bei den unter a und b angeführten Offizieren muß der Tod

---

[6]) Vgl. I. Teil S. 19.

durch die Dienstbeschädigung verursacht worden sein, welche zur Pensionierung hatte führen können oder geführt hat (§ 11 MHG.).

d) Heeresbeamten des Beurlaubtenstandes und von Personen,[7]) die nicht zu den Heeresbeamten des Beurlaubtenstandes gehören, aber während Kriegsdauer bei dem Feld- oder Besatzungsheer als Heeresbeamte verwendet worden sind, falls diese zur Zeit ihres Todes zu einer Pension berechtigt gewesen sein würden oder eine Pension zu beziehen hatten[8]) und falls der Tod durch Dienstbeschädigung verursacht worden ist. Die Ehe muß jedoch vor dem Ausscheiden aus dem aktiven Dienst geschlossen sein (§§ 17, 18).

e) Personen der Freiwilligen Krankenpflege, falls der Tod infolge dienstlicher Verwendung auf dem Kriegsschauplatz vor Ablauf von sechs Jahren nach dem Friedensschluß eingetreten ist (§ 17 Abs. 2). Die Ehe muß jedoch vor Beendigung der Verwendung auf dem Kriegsschauplatz geschlossen sein (§ 18).

Hieraus geht hervor, daß für die Gewährung der allgemeinen Versorgung in den meisten Fällen das Vorhandensein einer Dienstbeschädigung erforderlich ist. Da sich diese Abhandlung mit den Versorgungsansprüchen der Kriegshinterbliebenen befaßt, d. h. mit Hinterbliebenen der an den Folgen einer Kriegsdienstbeschädigung gestorbenen Militärpersonen, so erhellt, daß für diese regelmäßig die allgemeine Versorgung in Betracht kommt. Nur die Hinterbliebenen von Personen,[9]) die während Kriegsdauer bei dem Feld- oder Besatzungsheer in privatrechtlichem Vertragsverhältnis eines Dienstverpflichteten gestanden haben (z. B. Vertragsärzte), sind von der allgemeinen Versorgung ausgeschlossen.[10]) Der Ausschluß der Hinterbliebenen dieser Personen wird in der Begründung damit gerechtfertigt, daß diese Personen im allgemeinen die Dienste lediglich aus Erwerbszwecken übernähmen. Die Hinterbliebenen der Berufsbeamten der Militärverwaltung kommen für Witwen- und Waisengeld aus dem MHG. nicht in Betracht, da auf sie die Vorschriften des BHG. Anwendung finden.

Unter allgemeiner Versorgung waren bisher nach den AusfB. Ziff. 14 I nicht nur die Gebührnisse gemäß §§ 2—18 des MHG. zu verstehen, sondern auch die den Hinterbliebenen des Verstorbenen aus dessen Anstellung oder Beschäftigung im Zivildienst (§ 24 Nr. 3 OPG. und § 36 Nr. 4 MVG.) erwachsenen Ansprüche auf Witwen- und Waisengeld oder gleichstehende Gebührnisse. Darnach ist die Militärverwaltung bis vor kurzer Zeit verfahren und hat den Hinterbliebenen von Angehörigen des Beurlaubtenstandes, denen aus der Zivilanstellung Witwen- und Waisengeld zusteht, nur die Gebührnisse nach §§ 20a und 21a bewilligt. Nach RG.

---

[7]) S. I. Teil S. 17.

[8]) Über die Voraussetzungen eines Pensionsanspruchs dieser Personen s. I. Teil S. 28 ff.

[9]) S. I. Teil S. 17 Ziff. 4.

[10]) S. AB. 12 III.

v. 22. Dez. 1916 haben jedoch diese Hinterbliebenen neben der Versorgung aus der Zivilstellung auch auf die volle Militärversorgung — allgemeine Versorgung, Kriegsversorgung, nach den §§ 20a und 21a MHG. — Anspruch. Durch KME. v. 5. Mai 1917 ist nun auch Ziff. 14 I der AusfBest. aufgehoben worden und ist unter allgemeiner Versorgung im Sinne der §§ 20, 21, 29 Nr. 4 nur die allgemeine Versorgung anzusehen, die auf Grund der Vorschriften des Abschnitts I des Gesetzes als Witwen- und Waisengeld aus Mitteln der Heeresverwaltung bewilligt und gezahlt wird.

1. Bei den Hinterbliebenen von Offizieren beträgt das Witwengeld $^4/_{10}$ der Pension, zu welcher der Verstorbene berechtigt gewesen ist oder gewesen sein würde,[11]) wenn er am Todestag in den Ruhestand versetzt worden wäre. Das Witwengeld soll mindestens 300 Mk. und höchstens 5000 Mk. jährlich betragen. Bei Berechnung des Witwengeldes bleibt die Pensionsbeihilfe,[12]) die Verstümmelungszulage[13]) und die Alterszulage[14]) außer Ansatz (§ 2).

Das Waisengeld beträgt für jedes vaterlose Kind jährlich $^1/_5$, für jedes elternlose Kind $^1/_3$ des Witwengeldes. Die vaterlosen Kinder gelten als elternlose, wenn die Witwe zum Bezug des Witwengeldes nicht berechtigt ist (§ 3). Witwen- und Waisengeld dürfen weder einzeln noch zusammen den Betrag der Pension des Verstorbenen übersteigen (§ 4). Ergibt sich an Witwen- und Waisengeld zusammen ein höherer Betrag, so werden die einzelnen Sätze im gleichen Verhältnis gekürzt. Scheidet jedoch ein Witwen- oder Waisengeldberechtigter aus, so erhöht sich das Witwen- oder Waisengeld der übrigen Berechtigten, insoweit als sie noch nicht im vollen Genuß der ihnen zustehenden Beträge sind. War die Witwe mehr als 15 Jahre jünger als der Verstorbene, so wird das Witwengeld nach Maßgabe des § 6 entsprechend gekürzt.

Bei den Hinterbliebenen von Heeresbeamten des Beurlaubtenstandes und von in Heeresbeamtenstellen während Kriegsdauer verwendeten Personen darf das Witwengeld den Betrag von 3500 Mark nicht übersteigen (§ 18 Nr. 2).

2. Bei den Hinterbliebenen von Mannschaften beträgt das Witwengeld jährlich regelmäßig 300 Mk., das Waisengeld 60 Mk. bzw. 100 Mk. für elternlose Kinder. Witwen- und Waisengeld dürfen weder einzeln noch zusammen den Betrag der für den betreffenden Dienstgrad festgesetzten Vollrente[15]) übersteigen. Ist dies der Fall, so tritt eine Kürzung der Sätze ein wie oben. Eine entsprechende Kürzung des Witwengeldes erfolgt, wenn die Witwe mehr als 15 Jahre jünger ist.

---

[11]) S. I. Teil S. 22 f.
[12]) § 7 OPG.
[13]) S. S. 29 ff.
[14]) S. S. 31 f.
[15]) S. I. Teil S. 25.

a) Die Witwe.

Unter Witwe ist diejenige Person zu verstehen, mit der der Verstorbene zur Zeit seines Todes durch eine rechtsgültige Ehe verbunden war.[16]) Nicht Witwe wird, also die geschiedene Ehefrau[17]) (auch wenn sie schuldlos geschieden ist), und auch wenn die eheliche Gemeinschaft nach § 1575 BGB. rechtsgültig aufgehoben worden ist, hat die Ehefrau keinen Anspruch auf Witwengeld, da die Aufhebung der ehelichen Gemeinschaft dieselben Wirkungen hat, wie die Scheidung (BGB. § 1586). In den Fällen der Nichtigkeit einer Ehe (BGB. §§ 1324—1328) steht weder der Witwe Witwengeld noch den Waisen Waisengeld zu. Die Nichtigkeit der Ehe müßte gegebenenfalls vom Militärfiskus nach § 1329 BGB. im Wege der Nichtigkeitsklage geltend gemacht werden. Zur Erhebung der Nichtigkeitsklage ist der Militärfiskus nach § 632 ZPO. berechtigt, da für ihn von der Gültigkeit der Ehe eine Verpflichtung abhängt.

Nach § 1315 BGB. dürfen Militärpersonen, für die zur Eingehung einer Ehe eine besondere Erlaubnis erforderlich ist (§§ 40, 60 Nr. 4, 61 RMG.), ohne die vorgeschriebene Erlaubnis eine Ehe nicht eingehen. Eine ohne diese Erlaubnis geschlossene Ehe ist aber nicht nichtig, es ist daher anzunehmen, daß in diesen Fällen der Witwe und den Waisen ein Versorgungsanspruch zusteht. Anderer Ansicht ist Olshausen (S. 25), der der Witwe einen Hinterbliebenenanspruch nicht zuerkennen will.

b) Die ehelichen Kinder.

Die Frage, ob ein Kind als ehelich anzusehen ist, entscheidet sich nach §§ 1591 und 1592 BGB. Darnach ist ein Kind ehelich, das nach Eingehung der Ehe geboren wird, wenn die Frau es vor oder während der Ehe empfangen und der Mann innerhalb der Empfängniszeit der Frau beigewohnt hat. Als Empfängniszeit gilt die Zeit von dem 181. bis zu dem 302. Tage der Geburt des Kindes. Das Kind ist nicht ehelich, wenn es den Umständen nach offenbar unmöglich ist, daß die Frau das Kind von dem Manne empfangen hat (BGB. § 1591 Satz 2). Dies ist vor allem der Fall bei Kindern, die nach Ablauf des 302. Tages seit dem Abrücken des Mannes ins Feld geboren werden, wenn mit Sicherheit feststeht, daß der Ehemann mit seiner Ehefrau nach dem Abrücken nicht mehr zusammengekommen ist. In diesen Fällen kann der Militärfiskus die Unehelichkeit des Kindes geltend machen, wenn der Ehemann die Ehelichkeit angefochten hat, oder,

---

[16]) Olshausen S. 25.

[17]) Die schuldlos geschiedene Ehefrau kann jedoch aus dem Härtenausgleichsfonds — Kapitel 84 a — eine einmalige Zuwendung erhalten (s. S. 57 VII).

ohne das Anfechtungsrecht verloren zu haben, gestorben ist (§ 1593 BGB.).

Auch die beim Tode des Vaters schon erzeugten, aber noch nicht zur Welt gekommenen Kinder (nascituri) sind waisengeldberechtigt.

### c) Die legitimierten Kinder.

Die Legitimation unehelicher Kinder bestimmt sich nach §§ 1719 bis 1740 BGB. Demnach ist eine Legitimation unehelicher Kinder nur in zwei Fällen möglich.

1. Durch nachfolgende Ehe.

Das Kind erlangt durch die Verheiratung des Vaters mit der Mutter die rechtliche Stellung eines ehelichen Kindes (§ 1719 BGB.).

2. Durch Verfügung der Staatsgewalt auf Antrag des Vaters (§ 1723 BGB.).

Nicht der Legitimation gleichzuachten ist die Namenserteilung nach § 1706 BGB. Dadurch, daß der Ehemann der Mutter durch Erklärung gegenüber der zuständigen Behörde dem Kinde mit Einwilligung des Kindes und der Mutter seinen Namen erteilt, erlangt das Kind nicht die rechtliche Stellung eines ehelichen Kindes, sondern es bleibt nach wie vor ein uneheliches.

Die Witwen, die ehelichen oder legitimierten Kinder der infolge einer Kriegsdienstbeschädigung verstorbenen Militärpersonen haben also regelmäßig teils einen Rechtsanspruch auf die allgemeine Versorgung (Witwen- und Waisengeld), teils kann sie ihnen gewährt werden.

### Ausschluß des Anspruchs auf Witwengeld.

Keinen Anspruch auf Witwengeld hat die Witwe, wenn die Ehe mit dem Verstorbenen innerhalb dreier Monate vor seinem Ableben geschlossen worden und die Eheschließung [18]) zu dem Zweck erfolgt ist, um der Witwe den Bezug des Witwengeldes zu verschaffen (§ 8). Die aus einer solchen Ehe hervorgegangenen Kinder werden wie elternlose [19]) behandelt, erhalten also ein Drittel des Witwengeldes als Waisengeld.

## B. Kriegsversorgung.

Der Kreis der für eine Kriegsversorgung in Betracht kommenden Personen ist weiter als der bei der allgemeinen Versorgung. Insbesondere hat dieser Kreis während des Krieges durch die Möglichkeit von Zuwendungen aus dem Härtenausgleichsfonds

---

18) Wegen während des Kriegs geschlossenen Ehen s. S. 47 ff.

19) S. S. 41.

eine bedeutende Erweiterung erfahren. Wie schon oben erwähnt wurde, wird die allgemeine Versorgung und die Kriegsversorgung nebeneinander gewährt. Wir haben auch festgestellt, daß für die Kriegshinterbliebenen regelmäßig die allgemeine Versorgung in Betracht kommt. Die Höhe der Kriegsversorgung ist eine verschiedene, je nachdem die allgemeine Versorgung „zusteht" oder nicht zusteht (s. §§ 20 a und b und 21 a und b). Nach Olshausen (S. 83) ist anzunehmen, daß allgemeine Versorgung im Sinne des Gesetzes „zusteht", wenn sie tatsächlich gewährt wird. Nachdem nun durch RG. und KME.[20]) der Begriff der allgemeinen Versorgung klargestellt worden ist, wird diese den Kriegshinterbliebenen regelmäßig gewährt. Auch in den Fällen, in denen ein Rechtsanspruch nicht besteht und die allgemeine Versorgung nur gewährt werden kann,[21]) wird sie tatsächlich bewilligt, wenn unter Berücksichtigung der Einkommens- und Erwerbsverhältnisse ein Bedürfnis für die Bewilligung besteht. So bleiben also nur noch Ausnahmefälle übrig, in denen Kriegshinterbliebenen die allgemeine Versorgung nicht zusteht. Dieser Ausnahmefall ist gegeben (außer dem auf S. 43 angeführten Fall) bei

a) Offizieren des Friedensstandes, wenn der Verstorbene pensioniert oder zur Disposition gestellt und anläßlich der Mobilmachung zum aktiven Dienst beim Feldheere wieder herangezogen war, die Ehe aber erst nach dem Ausscheiden aus dem aktiven Dienst geschlossen hat, oder wenn er die Ehe nach der nach dem Kriege erfolgten Pensionierung oder Stellung zur Disposition oder im Falle seiner Verwendung im Heere oder in der Marine in einer mit Pensionsberechtigung verbundenen Stelle oder in einer im Militär- oder Marineetat für pensionierte Offiziere vorgesehenen Stelle oder im Falle der Beleihung mit einer mit Gehalt oder Kriegszulage verbundenen Offiziersstelle in einem Invalideninstitut erst nach dem Ausscheiden aus dieser Stelle geschlossen hat (§ 8 MHG.).

b) Mannschaften, wenn der Verstorbene die Ehe erst nach der Entlassung aus dem aktiven Militärdienst, zu dem er anläßlich der Mobilmachung herangezogen worden ist, geschlossen hat.

c) Personen, die während Kriegsdauer bei dem Feld- oder Besatzungsheer in privatrechtlichem Vertragsverhältnis eines Dienstverpflichteten gestanden haben.

d) Offizieren des Beurlaubtenstandes, wenn ein Bedürfnis nicht vorliegt.

Die Kriegsversorgung besteht aus Kriegswitwengeld, Kriegswaisengeld, Witwenbeihilfen und Kriegselterngeld. Nicht zu rechnen zu der eigentlichen Kriegsversorgung sind die Gnadengebührnisse[22])

---

[20]) S. S. 40 f.
[21]) S. S. 39 f.
[22]) S. S. 54 f.

im § 29 und die ebenda erwähnte einmalige Zuwendung.[23]) Die Vorschriften hierüber finden sich auch nicht in dem mit „Kriegsversorgung" überschriebenen II. Teil, sondern unter den im III. Teil enthaltenen „Sonstigen" Vorschriften des MHG.

1. Kriegswitwengeld und Kriegswaisengeld.

Die Witwen und die ehelichen oder legitimierten Kinder der zum Feldheere gehörigen Militärpersonen,[24]) die

1. im Kriege geblieben oder infolge einer Kriegsverwundung gestorben sind,

2. eine sonstige Kriegsdienstbeschädigung erlitten haben und an ihren Folgen gestorben sind,

erhalten Kriegswitwen- und Kriegswaisengeld.

Das Entstehen eines Anspruchs auf Kriegswitwengeld und Kriegswaisengeld setzt also verschiedene Voraussetzungen voraus, die in der Person des Verstorbenen erfüllt sein müssen.

Diese Voraussetzungen sind:

1. Militärpersoneneigenschaft.

2. Zugehörigkeit zum Feldheer oder zu dem auf dem Kriegsschauplatz verwendeten Personal der Freiwilligen Krankenpflege.

3. Bleiben im Kriege, oder Sterben an einer Kriegsverwundung oder sonstigen Kriegsdienstbeschädigung.

zu 1. Wegen der Militärpersoneneigenschaft gilt das im I. Teil auf S. 16 ff. Gesagte.

zu 2. Die Frage der Zugehörigkeit fällt in das militärtechnische Gebiet. Sie ist deshalb auch im Falle einer gerichtlichen Geltendmachung der Ansprüche der richterlichen Beurteilung entzogen und ausschließlich der eines Fachkollegiums übertragen. Es sind zu unterscheiden mobile und immobile Truppen. Mobile Truppen sind die zur unmittelbaren Aktion gegen den Feind bestimmten Truppen. Immobile Truppen sind die Ersatztruppenteile. Unter Kriegsschauplatz ist das Operationsgebiet und das Etappengebiet anzusehen. Im übrigen ist wegen des Begriffes Feldheer und Kriegsschauplatz das im I. Teil auf S. 23 ff. über den Begriff des Kriegsteilnehmers Gesagte zu beachten.

---

[23]) Wenn der Verstorbene Verwandte der aufsteigenden Linie, Geschwister, Geschwisterkinder oder Pflegekinder, deren Ernährer er ganz oder überwiegend gewesen ist, in Bedürftigkeit hinterläßt, oder wenn und soweit der Nachlaß nicht ausreicht, um die Kosten der letzten Krankheit und der Beerdigung zu decken, kann mit Genehmigung der obersten Militärverwaltungsbehörde des Kontingents eine einmalige Zuwendung gewährt werden, sofern Gnadengebührnisse bewilligt worden sind. Die einmalige Zuwendung darf den zweifachen Betrag der Gnadengebührnisse nicht überschreiten (§ 29 Ziff. 2, 3. Abs.).

[24]) Unter Militärpersonen sind im Sinne dieser Abhandlung alle im I. Teil auf S. 16 f. unter I. angeführten Personen zu verstehen.

zu 3. Als im Kriege geblieben sind im allgemeinen solche Kriegsteilnehmer anzusehen, die bei kriegerischen Unternehmungen zu Tode gekommen sind und zwar auch dann, wenn sie ohne Anzeichen einer Verwundung oder sonstigen Beschädigung innerhalb des Kampfgebietes tot aufgefunden, ferner Kriegsteilnehmer, die von feindlichen Landeseinwohnern eines besetzten Gebietes überfallen und getötet oder in Gefangenschaft geraten und erschossen worden oder gestorben sind.[25]) Aber auch diejenigen, die aus dem Kriege nicht zurückkehren, müssen — sofern nicht anzunehmen ist, daß dies aus irgendwelchen Gründen absichtlich geschieht — als im Kriege geblieben betrachtet werden. Wegen des Begriffes der Kriegsverwundung und „sonstigen Kriegsdienstbeschädigung" wird auf das im I. Teil S. 17 ff. Gesagte verwiesen. Die Kriegsverwundung oder sonstige Kriegsdienstbeschädigung muß den Tod herbeigeführt haben, sie muß also mit dem Tod in ursächlichem Zusammenhang stehen. Ob dies der Fall ist, darüber entscheidet das Fachkollegium, da auch diese Frage in das militär-technische Gebiet gehört. Ist der Tod nicht durch eine Kriegsverwundung, sondern durch eine sonstige Kriegsdienstbeschädigung verursacht worden, so muß er, um zu einer Kriegsversorgung zu berechtigen, vor Ablauf von 10 Jahren nach dem Friedensschluß[26]) eingetreten sein.

Beim Vorliegen dieser Voraussetzungen „erhalten" die Witwe und die ehelichen oder legitimierten Kinder Kriegswitwen- und Kriegswaisengeld. Sie „erhalten" es, d. h. sie haben einen Rechtsanspruch darauf.

### Ausschluß des Anspruchs auf Kriegswitwengeld.

Der Anspruch auf Kriegswitwengeld ist ausgeschlossen, wenn die Ehe erst nach Ablauf von 15 Jahren nach Friedensschluß geschlossen worden ist. Keinen Anspruch auf Kriegswitwengeld hat ferner die Witwe, wenn die erst nach dem Friedensschluß eingegangene Ehe innerhalb dreier Monate vor dem Ableben des Ehegatten geschlossen und die Eheschließung zu dem Zwecke erfolgt ist, um der Witwe den Bezug des Kriegswitwengeldes zu verschaffen (§ 25). Zweierlei ist also für den Ausschluß des Anspruchs erforderlich:

1. die Ehe muß nach dem Friedensschluß und innerhalb dreier Monate vor dem Ableben geschlossen worden sein und

2. die Ehe muß zu dem Zwecke geschlossen sein, um der Witwe den Bezug des Kriegswitwengeldes zu verschaffen. Nur bei dem Vorliegen beider Erfordernisse (das Gesetz sagt „und" nicht „oder") hat die Witwe keinen Anspruch auf Kriegswitwengeld. Die Witwe

---

[25]) Vgl. KME. Nr. 19713 v. 10. Oktober 1915.
[26]) S. I. Teil S. 32.

hat also auch dann Anspruch auf Kriegswitwengeld, wenn die Ehe während des Krieges zu dem Zwecke geschlossen worden sein sollte, um ihr das Kriegswitwengeld zu verschaffen und der Ehemann daraufhin vor Ablauf von drei Monaten gefallen oder an den Folgen einer Kriegsdienstbeschädigung gestorben ist. Hier irrt Olshausen. Auf S. 88 sagt er: „nicht kriegswitwengeldberechtigt ist die geschiedene Frau, ferner diejenige, die ein Kriegsteilnehmer innerhalb drei Monate vor seinem Ableben geheiratet hat, wenn die Eheschließung zu dem Zweck erfolgt ist, um der Witwe den Bezug des Kriegswitwengeldes zu verschaffen". Ebenso unrichtig sind die Ausführungen Olshausens auf S. 104, sofern er damit die Anspruchsberechtigung der Kriegerswitwe (im dargelegten Sinne) in Abrede stellt.

Nur in zwei Fällen steht der „Kriegers"witwe ein Anspruch auf Kriegswitwengeld nicht zu,

1. wenn die Ehe erst nach Ablauf von 15 Jahren nach Friedensschluß geschlossen worden ist,

2. wenn die erst nach dem Friedensschluß eingegangene Ehe innerhalb dreier Monate vor dem Ableben des Ehegatten geschlossen und zu dem Zweck erfolgt ist, um der Witwe den Bezug des Kriegswitwengeldes zu verschaffen.

Anders steht es mit dem Anspruch auf „Witwengeld". Nach § 8 MHG. hat die Witwe keinen Anspruch auf Witwengeld, wenn die Ehe mit dem Verstorbenen innerhalb dreier Monate vor seinem Ableben geschlossen worden und die Eheschließung zu dem Zwecke erfolgt ist, um der Witwe den Bezug des Witwengeldes zu verschaffen. Im § 8 sind die Worte „erst nach Friedensschluß", wie dies im § 25 der Fall ist, nicht enthalten. Demnach hat die Witwe keinen Anspruch auf Witwengeld, wenn die Ehe während des Krieges zu dem Zwecke geschlossen worden ist, um der Witwe das Witwengeld zu verschaffen und der Tod innerhalb dreier Monate nach der Eheschließung eingetreten ist. Da bei der großen Zahl der Kriegstrauungen während des gegenwärtigen Krieges die Beurteilung der Frage, ob eine Ehe zu dem angeführten Zwecke geschlossen worden ist, von Wichtigkeit ist, so werden im folgenden die Ausführungen des Kriegsministeriums[27]) angeführt.

„Die Frage, ob eine Eheschließung zu dem Zweck erfolgt ist, um der Witwe den Bezug des Witwengeldes zu verschaffen, ist mit Beziehung auf die §§ 8, 14 MHG. nach folgenden Gesichtspunkten zu beurteilen:

1. Der Ehemann, der sich kriegstrauen läßt, um gleich darauf ins Feld zu rücken, muß mit der Möglichkeit seines Todes wie seiner Heimkehr rechnen; er bezweckt also mit der Eheschließung nicht einseitig, seiner Frau ein Versorgungsrecht gegen den Staat zu verschaffen, sondern er ist ebensosehr sich bewußt, daß seine Frau

---

[27]) KME. v. 6. Oktober 1916 Nr. 19541.

ein Versorgungsrecht gegen ihn selbst erhält. Sein Verhalten ist mithin einwandfrei und fällt nicht unter die §§ 8, 14 MHG., mag er auch geäußert haben, daß er die Ehe schließt, um im Falle seines Todes im Felde seine Frau versorgt zu wissen. Nur ausnahmsweise wird also in Fällen, in denen ein Kriegsteilnehmer heiratet, § 8 anwendbar sein, etwa dann, wenn der Ehemann später freiwillig den Tod sucht oder wenn die Gatten von vornherein ein wirkliches Eheleben nachweisbar nicht beabsichtigt haben.

2. Die Anwendung des § 8 wird hauptsächlich in Frage kommen, wenn der Gesundheitszustand des Ehemannes schon bei der Eheschließung ein derartiger ist, daß mit seinem baldigen Ableben und mit einem raschen Ende der Ehe gerechnet werden muß. In solchen Fällen — namentlich kommt die Eheschließung eines Schwerverwundeten in Betracht — wird folgendes zu beachten sein:

a) haben die Verlobten schon früher, in gesunden Tagen, die Absicht der Heirat gehabt und sind sie lediglich durch Umstände, die nicht in ihrer Macht lagen, wie z. B. durch die Militärpflicht des Bräutigams oder durch den Krieg und plötzliches Ausrücken ins Feld, verhindert worden, ihre Absicht auszuführen, so spricht eine gewisse Vermutung dafür, daß die Ehe aus den gleichen Gründen, wie sie früher bestanden, geschlossen wird, daß also gegenseitige Neigung oder der Wunsch nach rechtlicher Anerkennung eines bereits bestehenden außerehelichen Verkehrs, insbesondere nach Legitimierung der etwa schon vorhandenen Kinder, die eigentlichen Beweggründe zur Heirat sind. In diesen Fällen ist § 8 MHG. nicht anwendbar. Bei der Prüfung wird das Hauptaugenmerk darauf zu richten sein, ob und aus welchen Gründen die Verlobten ihre Heiratsabsicht nicht schon vor dem Ausrücken des Verlobten ins Feld ausführen konnten. Diese Feststellung erscheint um so notwendiger, als der Staat den Kriegsteilnehmern die Trauung so leicht wie möglich gemacht hat. Ergibt sich, daß die Verlobten die Möglichkeit der Kriegstrauung nicht schon früher ausgenützt, sondern sich erst kurz vor dem zu erwartenden Ableben des Bräutigams geheiratet haben, so ist größte Zurückhaltung und Vorsicht bei Beurteilung des Falles geboten. Eine Heiratsabsicht wird insbesondere dann angenommen werden dürfen, wenn die Betreffenden bereits Möbel oder sonstige Ausstattungsstücke beschafft, das Aufgebot bestellt oder eine Wohnung gemietet oder nachweisbar einen bestimmten Zeitpunkt für die spätere Verheiratung in Aussicht genommen hatten.

b) Haben dagegen die Eheleute die Absicht zu heiraten früher nicht gehabt, oder sind sie von dieser Absicht wieder abgekommen, so schließt selbst der Umstand, daß die kurz vor dem Tode des Mannes geschlossene Ehe die Legitimierung eines Kindes bewirkt, im allgemeinen die Anwendbarkeit des § 8 nicht aus. Augenscheinlich hat in solchem Falle dem Manne bisher nichts daran gelegen, dem Kinde eine Vollrechtsstellung zu geben, und es ist anzunehmen, daß ihm auch jetzt nicht so viel daran liegen würde, um dafür eigene Opfer zu bringen. Dagegen rechnet er damit, daß der Staat die Versorgung seiner Angehörigen übernimmt.

Ausnahmen sind jedoch auch hier sehr wohl möglich, z. B. dann, wenn der Mann erwiesenermaßen allein aus dem Grunde die Ehe geschlossen hat, um ein an Weib und Kind begangenes Unrecht zu sühnen. In der Regel aber wird an dem oben Gesagten festzuhalten sein.

3. Bestand auf seiten des Verstorbenen zweifellos die Absicht, seiner Witwe den Bezug des Witwengeldes zu verschaffen, so ist die Eheschließung eben zu diesem Zweck erfolgt und § 8 anzuwenden. Die Beweggründe, die bei dem andern Teile — der Ehefrau — vorgelegen haben, ändern nichts daran, daß die Ehe zu jenem Zweck erfolgt ist. Dieser Zweck liegt vor, auch wenn die Witwe ihn nicht kannte, ja selbst, wenn sie ihn mißbilligte. Eine Willensübereinstimmung bei der Eheschließung ist nicht erforderlich. In gleicher Weise ist § 8 anwendbar, wenn lediglich die Frau den Zweck der Versorgung mit der Eheschließung verfolgte."

Die Höhe der Kriegsversorgung ist eine verschiedene, je nach dem Dienstgrad (bei Beamten usw. dem Diensteinkommen), den der Verstorbene bekleidet hat, bzw. dessen Charakter ihm verliehen war, und je nachdem, ob die allgemeine Versorgung zusteht oder nicht. Das Diensteinkommen oder der zu berücksichtigende Geldbetrag der oberen Heeresbeamten und der im § 35 OPG. erwähnten Personen [28]) ist für die Höhe der Kriegsversorgung ihrer Hinterbliebenen dergestalt maßgebend, daß, je nachdem es dem pensionsfähigen Diensteinkommen einer der im § 20 erwähnten Offiziersgrade bis zum Leutnant abwärts am nächsten gestanden hat, auch die für Hinterbliebene dieses Dienstgrades zustehenden Sätze gewährt werden. Steht das pensionsfähige Diensteinkommen eines oberen Heeresbeamten genau in der Mitte zwischen dem pensionsfähigen Diensteinkommen zweier Offiziersdienstgrade, so wird die höhere Versorgung gewährt (§ 24).

Bei dem Kriegswaisengeld ist die Höhe außerdem verschieden, je nachdem es sich um vaterlose oder elternlose Kinder handelt. Von den Hinterbliebenen des auf dem Kriegsschauplatz verwendeten weiblichen Personals der Freiwilligen Krankenpflege kommen nur die elternlosen Kinder für Kriegswaisengeld in Betracht (Ausf.-Best. VII).

Das Kriegswitwengeld beträgt jährlich

a) wenn die allgemeine Versorgung zusteht:

1. für die Witwe eines Offiziers bis zum Stabsoffizier einschließlich abwärts . . . . . . 1500 Mk.

---

[28]) S. I. Teil S. 17 Ziff. 4.

2. für die Witwe eines Hauptmanns, Oberleutnants, Leutnants oder Feldwebelleutnants . . . . . 1200 Mk.
3. für die Witwe eines Feldwebels, Vizefeldwebels, eines Sergeanten mit der Löhnung eines Vizefeldwebels oder eines Unterbeamten mit einem pensionsfähigen Diensteinkommen von jährlich mehr als 1200 Mk. . . . . . . . . . . 300 „
4. für die Witwe eines Sergeanten, Unteroffiziers oder eines Unterbeamten mit einem pensionsfähigen Diensteinkommen von jährlich 1200 Mk. und weniger . . . . . . . . . . . . . 200 „
5. für die Witwe eines Gemeinen . . . . . . 100 „

b) Wenn die allgemeine Versorgung nicht zusteht:

1. für die Witwe eines Generals oder eines Offiziers in Generalsstellung . . . . . . . . . . 2000 „
2. für die Witwe eines Stabsoffiziers . . . . . 1600 „
3. für die Witwe eines Hauptmanns, Oberleutnants, Leutnants oder Feldwebelleutnants . . . . . 1200 „
4. für die Witwe eines Feldwebels, Vizefeldwebels, eines Sergeanten mit der Löhnung eines Vizefeldwebels oder eines Unterbeamten mit einem pensionsfähigen Diensteinkommen von jährlich mehr als 1200 Mk. . . . . . . . . . . 600 „
5. für die Witwe eines Sergeanten, Unteroffiziers oder eines Unterbeamten mit einem pensionsfähigen Diensteinkommen von jährlich 1200 Mk. und weniger . . . . . . . . . . . . . 500 „
6. für die Witwe eines Gemeinen . . . . . . 400 „

Das Kriegswaisengeld beträgt jährlich:

a) wenn die allgemeine Versorgung zusteht:

1. für jedes vaterlose Kind eines Generals oder eines Stabsoffiziers in Generals- oder Regimentskommandeurstellung . . . . . . . . . . 150 „
   eines anderen Offiziers . . . . . . . . . . 200 „
   für jedes elternlose Kind eines Generals oder eines Stabsoffiziers in Generals- oder Regimentskommandeurstellung . . . . . . . . 225 „
   eines anderen Offiziers . . . . . . . . . . 300 „
2. für jedes vaterlose Kind einer Militärperson der Unterklassen oder eines Unterbeamten . . . . 108 „
   für jedes elternlose Kind einer Militärperson der Unterklassen oder eines Unterbeamten . . . . 140 „

b) wenn die allgemeine Versorgung nicht zusteht:

1. für jedes vaterlose Kind eines Offiziers . . . 200 „
   für jedes elternlose Kind eines Offiziers . . . 300 „
2. für jedes vaterlose Kind einer Militärperson der Unterklassen oder eines Unterbeamten . . . . 168 „

für jedes elternlose Kind einer Militärperson der Unterklassen oder eines Unterbeamten . . . . 240 Mk.

Erreicht das Jahresgesamteinkommen der zu Kriegswitwengeld berechtigten Witwe

1. eines Generals oder eines Offiziers in Generalstellung nicht . . . . . . . . . . . . . 3000 Mk.
2. eines anderen Offiziers mit Ausnahme der Feldwebelleutnants nicht . . . . . . . . . . . 2000 „
3. eines Feldwebelleutnants nicht . . . . . . . 1500 „

so kann mit Genehmigung der obersten Militärverwaltungsbehörde des Kontingents das Kriegswitwengeld bis zur Erreichung dieser Sätze erhöht werden.

Unter Gesamteinkommen sind nicht nur die Versorgungsgebührnisse aus Militär- und Zivilmitteln zu verstehen, sondern die gesamten Einnahmen, die die Witwe auch aus Kapital oder eigener Erwerbstätigkeit bezieht. Zuschüsse, die die Witwe von Verwandten usw. erhält, gehören, wenn sie nicht auf einem Rechtsanspruch beruhen, nicht zu dem Gesamteinkommen. Ebenso bleiben bei Berechnung des Gesamteinkommens die Waisengelder außer Ansatz, auch dürfen Steuern und Schuldenzinsen, Kassen- und Versicherungsbeiträge abgezogen werden.

## 2. Das Kriegselterngeld.

Den Verwandten der aufsteigenden Linie kann für die Dauer der Bedürftigkeit ein Kriegselterngeld gewährt werden, wenn der verstorbene Kriegsteilnehmer

a) vor Eintritt in das Feldheer oder

b) nach seiner Entlassung aus diesem zur Zeit seines Todes oder bis zu seiner letzten Krankheit ihren Lebensunterhalt ganz oder überwiegend bestritten hat.

Ein Rechtsanspruch auf Kriegselterngeld besteht nicht, es kann nur gewährt werden. Voraussetzung für Gewährung des Kriegselterngeldes ist also

1. Verwandtschaft (in aufsteigender Linie),
2. Bedürftigkeit,
3. gänzliche oder überwiegende Ernährung durch den Verstorbenen.

Als Verwandte kommen in Betracht Eltern und Großeltern. Auch die uneheliche Mutter bzw. Großmutter kann Kriegselterngeld erhalten, denn sie ist mit dem unehelichen Kinde verwandt, nicht dagegen der uneheliche Vater (BGB. § 1589 Abs. 1).

Die Beurteilung der Bedürftigkeit erfolgt nach Anstellung eingehender Erhebungen über die Vermögens-, Einkommens- und Erwerbsverhältnisse. Die Bedürftigkeit braucht keine Bedürftigkeit im armenrechtlichen Sinne zu sein und der Besitz eines kleineren Vermögens schließt ihr Vorhandensein nicht aus. Nach Olshausen

(S. 92) ist Bedürftigkeit dann anzunehmen, wenn die Einnahmen unter Berücksichtigung des Standes der Eltern für deren Lebenshaltung nicht auskömmlich sind. Das Kriegselterngeld wird nur auf die Dauer der Bedürftigkeit gewährt. Tritt in den Verhältnissen, unter denen eine Bewilligung des Kriegselterngeldes erfolgte, eine Besserung ein und kommt dadurch die Bedürftigkeit in Wegfall, so wird auch das Kriegselterngeld nicht weitergewährt.

Das dritte Erfordernis ist gänzliche oder mindestens überwiegende Unterhaltsbestreitung durch den Verstorbenen, d. h. der Verstorbene muß den Unterhalt mehr als zur Hälfte bestritten haben, und zwar muß diese Unterhaltsbestreitung vor dem Eintritt ins Feldheer oder nach der Entlassung aus diesem zur Zeit des Todes oder bis zu der letzten Krankheit erfolgt sein. Hat der Verstorbene z. B. mehrere Jahre vor seinem Eintritt ins Feldheer seine Eltern nicht mehr unterstützt, so kann Kriegselterngeld nicht gewährt werden, desgleichen wenn die Unterhaltsbestreitung erst bei seinem Eintritt ins Feldheer einsetzte. Die Voraussetzung der gänzlichen oder überwiegenden Unterhaltsbestreitung muß also regelmäßig zur Zeit des Eintritts des Kriegsteilnehmers in das Feldheer gegeben sein, dagegen muß die Voraussetzung der Bedürftigkeit der Eltern in dem Zeitpunkt des Todes des Kriegsteilnehmers vorhanden sein. Kommen mehrere gefallene Söhne in Betracht, so darf Kriegselterngeld in jedem Falle nur einmal für jeden Elternteil bewilligt werden. Haben die Söhne Unterstützungen in verschiedener Höhe geleistet, so sind für die Bemessung des Kriegselterngeldes die Verhältnisse nach jenem Sohne maßgebend, der die höhere Unterstützung gewährt hat. Bei Unterstützungsleistung in gleich hohen Beträgen wird der Feststellung des Kriegselterngeldes die Leistung desjenigen Sohnes zugrundegelegt, dessen militärischer Dienstgrad die Eltern am günstigsten stellt.

Das Kriegselterngeld beträgt jährlich höchstens:

1. für den Vater und jeden Großvater, für die Mutter und jede Großmutter eines Offiziers 450 Mk.,

2. für den Vater und jeden Großvater, für die Mutter und jede Großmutter einer Militärperson der Unterklassen, eines Unterbeamten oder eines Angehörigen der Freiwilligen Kriegskrankenpflege 250 Mk.

### 3. Die Versorgung der Hinterbliebenen von nicht dem Feldheere angehörigen Militärpersonen.

Durch die oberste Militärverwaltung kann Kriegswitwengeld, Kriegswaisengeld oder Kriegselterngeld gewährt werden den Hinterbliebenen von solchen nicht dem Feldheere zugeteilten Angehörigen des aktiven Heeres, die in der Zeit von der Mobilmachung bis zur Demobilmachung wegen des eingetretenen Krieges außerordentlichen Anstrengungen oder Entbehrungen oder dem Leben und der Gesundheit gefährlichen Einflüssen ausgesetzt waren und infolgedessen vor Ablauf eines Jahres nach dem Friedensschluß gestorben sind.

Es handelt sich hier um Angehörige von Besatzungstruppen und Ersatztruppen. Ein Rechtsanspruch auf die Versorgungsgebührnisse steht den Hinterbliebenen nicht zu. Sie können nur gewährt werden. Wegen der „außerordentlichen Anstrengung" usw. vgl. das auf S. 18 f. Gesagte.

### 4. Witwenbeihilfen.

Den nicht kriegswitwengeldberechtigten Witwen von Kriegsteilnehmern, die infolge einer durch den Krieg erlittenen Dienstbeschädigung pensions- oder rentenberechtigt geworden sind oder geworden sein würden, falls sie am Todestag aus dem aktiven Dienst in den Ruhestand versetzt worden wären, können Witwenbeihilfen in der Art gewährt werden, daß das Jahresgesamteinkommen:[29])

| | | |
|---|---|---|
| 1. | für die Witwe eines Generals oder eines Offiziers in Generalstellung oder für die Witwe eines oberen Heeresbeamten höchstens . . . . . . | 3000 Mk. |
| 2. | für die Witwe eines anderen Offiziers mit Ausnahme des Feldwebelleutnants oder für die Witwe eines anderen oberen Heeresbeamten höchstens . | 2000 „ |
| 3. | für die Witwe eines Feldwebelleutnants höchstens | 1500 „ |
| 4. | für die Witwe eines Feldwebels, Vizefeldwebels, eines Sergeanten mit der Löhnung eines Feldwebels, eines Zugführers der Freiwilligen Kriegskrankenpflege oder eines Unterbeamten mit einem pensionsfähigen Diensteinkommen von jährlich mehr als 1200 Mk. höchstens . . . . . . . . | 600 „ |
| 5. | für die Witwe eines Sergeanten, Unteroffiziers, Zugführer-Stellvertreters oder Sektionsführers der Freiwilligen Krankenpflege oder eines Unterbeamten mit einem pensionsfähigen Diensteinkommen von jährlich 1200 Mk. und weniger höchstens . . . . . . . . . . . . . . | 500 „ |
| 6. | für die Witwe eines Gemeinen oder einer jeden andern Person des Unterpersonals der Freiwilligen Kriegskrankenpflege höchstens . . . . | 400 „ |

beträgt.

Es handelt sich hier um Fälle, in denen der Mann nicht an den Folgen seiner früher erlittenen Kriegsdienstbeschädigung stirbt,

---

[29]) S. S. 51.

sondern an einer anderen Krankheit, oder der Tod des Mannes ist zwar die Folge der Kriegsdienstbeschädigung, ist aber erst nach Ablauf von 10 Jahren nach Friedensschluß eingetreten.

## III. Beginn und Ende des Bezugs der Versorgungsgebührnisse. Gnadenmonat. — Gnadenlöhnung. — Gnadenvierteljahr.

Die Zahlung des Witwen- und Waisengeldes und der Gebührnisse aus der Kriegsversorgung beginnt mit dem Ablaufe der Zeit, für die Gnadengebührnisse (Gnadenvierteljahr, Gnadenmonat, Gnadenlöhnung) gewährt wird, oder wenn solche nicht gewährt sind, mit dem auf den Sterbetag folgenden Tag, für die nach dem Tode ihres Vaters geborenen Waisen nicht früher, als mit dem Tage ihrer Geburt.

### 1. Gnadenmonat.

Nach § 12 Nr. 4 der Kriegsbesoldungsvorschrift wird bei Sterbefällen der Witwe oder den ehelichen oder legitimierten Abkömmlingen für den auf den Sterbemonat folgenden Monat das reine Gehalt gezahlt (sieben Zehntel der Kriegsbesoldung). Die Gewährung des Gnadenmonats findet in Ermangelung dieser Hinterbliebenen auch dann statt, wenn der Verstorbene Verwandte der aufsteigenden Linie, Geschwister, Geschwisterkinder oder Pflegekinder, deren Ernährer er ganz oder überwiegend gewesen ist, in Bedürftigkeit hinterläßt, oder wenn und soweit der Nachlaß nicht ausreicht, um die Kosten der letzten Krankheit und der Beerdigung zu decken.

### 2. Gnadenlöhnung.

In derselben Weise wie bei den Hinterbliebenen von Offizieren werden den Hinterbliebenen von Mannschaften Gnadengebührnisse gezahlt. Die Gnadenlöhnung besteht in dem dreifachen Betrag der zuletzt bezogenen Löhnung. Für die ersten zwei Monate des Bezugs von Witwen- und Waisengeld ist den Hinterbliebenen der im aktiven Dienste gestorbenen Personen des Soldatenstandes zu ihren Bezügen ein Zuschuß soweit zu gewähren, daß der Betrag des Gnadenmonats oder der Gnadenlöhnung erreicht wird. Haben die vorgenannten Hinterbliebenen keinen Anspruch auf Witwen- und Waisengeld, so ist ihnen eine einmalige Zuwendung in Höhe des zweifachen Betrages der Gnadengebührnisse zu gewähren.

### 3. Gnadenvierteljahr.

Hinterläßt ein Rentenempfänger eine Witwe oder eheliche oder legitimierte Abkömmlinge, so werden für die auf den Sterbemonat folgenden drei Monate (Gnadenvierteljahr) noch diejenigen

Versorgungsgebührnisse gewährt, zu deren Bezug der Verstorbene nach dem MVG. berechtigt gewesen wäre. Diese Vorschrift findet sich nicht in dem MHG., sondern im § 39 MVG. In Ermangelung dieser Hinterbliebenen können die Gebührnisse unter derselben Voraussetzung auch an die unter Ziffer 1 (Gnadenmonat) aufgeführten Personen gezahlt werden.

Bei den Hinterbliebenen von Beamten umfassen die Gnadengebührnisse ein Vierteljahr (Kriegsbesoldungsvorschrift § 14).

## IV. Gewährung der Versorgungsgebührnisse bei Verschollenheit.

Ist eine Person, deren Hinterbliebenen auf Grund des MHG. Witwen- und Waisengeld oder Kriegsversorgung zustehen würde oder bewilligt werden könnte, verschollen, so kann den Hinterbliebenen von der obersten Militärverwaltungsbehörde des Kontingents das Witwen- und Waisengeld oder die Kriegsversorgung auch schon vor der Todeserklärung gewährt werden, wenn das Ableben des Verschollenen mit hoher Wahrscheinlichkeit anzunehmen ist (§ 34).

Ein vermißter Kriegsteilnehmer kann jedoch solange nicht als verschollen angesehen werden, als noch die Möglichkeit besteht, daß er kriegsgefangen ist. Eine Verschollenheit wird daher im allgemeinen erst nach dem Friedensschluß angenommen werden können.

Dieser Unsicherheit, welche über dem rechtlichen Schicksal der Vermißten schwebte, ist durch BVO. vom 18. April 1916 (RGBl. S. 296) ein Ende bereitet worden. (Bekanntmachung des Bundesrats über die Todeserklärung Kriegsverschollener.) Die bisher in §§ 16 und 17 BGB. verschieden bemessene Wartefrist für Kriegs- und Seeverschollenheit ist durch diese BVO. für beide Arten einheitlich geregelt und auf ein Jahr festgesetzt worden. § 1 bestimmt: „Wer als Angehöriger der bewaffneten Macht des Deutschen Reiches oder eines mit ihm verbündeten Staates an dem gegenwärtigen Kriege teilgenommen hat (BGB. § 15) und während des Krieges vermißt worden ist, kann im Wege des Aufgebotsverfahrens für tot erklärt werden, wenn von seinem Leben ein Jahr lang keine Nachricht eingegangen ist. Das gleiche gilt für Personen, die nicht zur bewaffneten Macht gehören, wenn sie sich bei ihr aufgehalten haben oder ihr gefolgt sind, oder wenn sie in Gewalt des Feindes geraten sind."

Da die BVO. den Zweck hat, das Verfahren zu beschleunigen, so ist auch das Aufgebotsverfahren wesentlich vereinfacht worden. Das Mindestmaß der Aufgebotsfrist ist von sechs Monaten auf einen Monat herabgesetzt worden. Die Bekanntmachung des Aufgebots durch öffentliche Blätter kann unterbleiben. Sodann bestimmt § 18 der BVO. die Gebührenfreiheit des Verfahrens.

## V. Erlöschen des Rechts auf den Bezug des Witwen- und Waisengeldes und der Kriegsversorgung.

Das Recht auf den Bezug des Witwen- und Waisengeldes und der Kriegsversorgung erlischt nach § 30 MHG.:

1. mit dem Ablaufe des Monats der Verheiratung oder des Todes.

2. Für Waisen außerdem mit Ablauf des Monats, in dem sie das 18. Lebensjahr vollenden.

Durch KME. vom 5. Februar 1917 Nr. 677 hat § 30 insofern eine Abänderung erfahren, als Witwen, denen aus Anlaß des gegenwärtigen Krieges auf Grund des MHG. Kriegswitwengeld gewährt worden ist, im Falle ihrer Wiederverheiratung eine einmalige Abfindungssumme bis zur Höhe von fünf Sechstel des dreifachen Betrages der Kriegsversorgung (§ 20 b MHG.) aus dem Härtenausgleichfond — Kapitel 84 a — gewährt werden kann und zwar

| | | | | | | | |
|---|---|---|---|---|---|---|---|
| bis | zu | 1000 | Mk. | für | die | Witwe eines | Gemeinen, |
| „ | „ | 1250 | „ | „ | „ | „ „ | Sergeanten, Unteroffiziers, |
| „ | „ | 1500 | „ | „ | „ | „ „ | Feldwebels, Vizefeldwebels, |
| „ | „ | 3000 | „ | „ | „ | „ „ | Hauptmanns, Oberleutn., Leutnants oder Feldwebelleutnants, |
| „ | „ | 4000 | „ | „ | „ | „ „ | Stabsoffiziers, |
| „ | „ | 5000 | „ | „ | „ | „ „ | Generals oder eines Offiziers in Generalstellung. |

In der Regel sollen nur solche Witwen berücksichtigt werden, die das 55. Lebensjahr noch nicht überschritten haben. Die Bewilligung erfolgt auf Antrag, sie kann in besonders gearteten Fällen ausnahmsweise auch für die rückliegende Zeit erfolgen. Die Abfindungssumme gilt als Vorschuß, für den Fall, daß später eine gesetzliche Regelung der Angelegenheit mit rückwirkender Kraft eintreten sollte. Sie wird nur gewährt, wenn für eine nützliche Verwendung des Geldes Gewähr besteht. Die Entscheidung hierüber liegt bei der obersten Militärverwaltungsbehörde. Der einer Witwe auf Grund des Kapitalabfindungsgesetzes[30]) bereits belassene dreifache Betrag des kapitalisierten Versorgungsteils wird auf die obengenannte Abfindungssumme angerechnet. Die Anträge sind an die Ortspolizeibehörde zu richten. Es muß aus ihnen ersichtlich sein, zu welchem besonderen Zweck die Abfindungssumme Verwendung finden soll. Die Auszahlung der Abfindungssumme erfolgt an die Witwe nach Wiederverheiratung gegen Vorlage der standesamtlichen Heiratsurkunde.

---

[30]) S. S. 59 ff.

## VI. Ruhen des Rechts auf den Bezug des Witwen- und Waisengeldes und der Kriegsversorgung.

Das Recht auf den Bezug des Witwen- und Waisengeldes und der Kriegsversorgung ruht, solange der Berechtigte nicht Reichsangehöriger ist. Dies ist regelmäßig der Fall bei den Hinterbliebenen von Ausländern. Als Hinterbliebene von Ausländern gelten nur die Witwe und die ehelichen oder legitimierten Kinder, nicht aber die Verwandten der aufsteigenden Linie (KME. vom 18. Dezember 1916 Nr. 26176). Diesen Hinterbliebenen von Ausländern, die in das deutsche Heer eingetreten und in diesem vor dem Feind gefallen oder an einer Kriegsverwundung oder sonstigen Kriegsdienstbeschädigung gestorben sind, können jedoch aus Billigkeitsgründen aus dem Härtenausgleichsfond widerrufliche Zuwendungen bewilligt werden.

Das Recht auf den Bezug des Witwen- und Waisengeldes ruht neben einer Versorgung auf Grund einer Beschäftigung des Verstorbenen im Zivildienst in der in §§ 31—33 MHG. näher bezeichneten Weise. Durch den am 5. Mai 1907 ergangenen KME.[31]) dürfte jedoch auch die Anwendbarkeit dieser Paragraphen eine Änderung erfahren.

## VII. Einmalige widerrufliche Zuwendungen aus Kapitel 84 a des Kriegsjahres-Etats.

Einmalige widerrufliche Zuwendungen können bewilligt werden:

1. Für Witwen und Waisen, deren Gatte oder Vater als Offiziersstellvertreter gefallen ist, denen aber nur die Versorgung der Hinterbliebenen von Militärpersonen der Unterklassen gewährt werden kann, obwohl der Gefallene bereits zum Leutnant oder Feldwebelleutnant in Vorschlag gebracht worden war.

2. Für geschiedene Ehefrauen, die schuldlos an der Ehescheidung von ihrem gefallenen Gatten auf Grund gerichtlicher Entscheidung unterhalten werden mußten. Voraussetzung ist, daß der Verstorbene vor seinem Tode oder vor seinem Eintritt in das Heer seiner Unterhaltspflicht auch tatsächlich nachgekommen ist und eine andere Unterhaltsmöglichkeit nicht besteht, oder wesentlich erschwert ist.

3. Für uneheliche Kinder von Gefallenen, oder infolge von Kriegsdienstbeschädigung verstorbenen Kriegsteilnehmern, wenn die Unterhaltspflicht des Vaters feststeht oder, bei nachgeborenen Kindern, die Vaterschaft des angegebenen Kindsvaters glaubhaft nachgewiesen werden kann.

4. Für Stiefkinder (voreheliche Kinder, Kinder aus erster Ehe), Adoptivkinder und Pflegekinder, wenn der verstorbene Kriegs-

[31]) S. S. 41.

teilnehmer für diese Kinder bis zum Eintritt in das Heer oder bis zu seinem Tode wie ein Vater gesorgt hat.

5. Für solche Verwandte der aufsteigenden Linie, die nach § 22 MHG. keinen gesetzlichen Anspruch auf Kriegselterngeld haben, weil nicht nachgewiesen werden kann, daß der verstorbene Kriegsteilnehmer ihren Lebensunterhalt ganz oder überwiegend bestritten hat. Diesen können im Falle der Bedürftigkeit einmalige Zuwendungen gewährt werden, wenn der Verstorbene zu ihrem Lebensunterhalt wesentlich beigetragen hat. Die Zuwendungen dürfen

| | | | | | | | |
|---|---|---|---|---|---|---|---|
| zu Ziffer | 1 | den | Betrag | von | 300 | Mk., | |
| „ „ | 2 | „ | „ | „ | 300 | „ | |
| „ „ | 3 u. 4 | „ | „ | „ | 225 | „ | (Vollwaisen) |
| „ „ | 3 u. 4 | „ | „ | „ | 150 | „ | (Halbwaise) |
| „ „ | 5 | „ | „ | „ | 240 | „ | |

nicht übersteigen. Die Zahlung der einmaligen widerruflichen Zuwendungen erfolgt in zwölf gleichen Beträgen monatlich im voraus.

### Zusatzrenten für Kriegshinterbliebene aus Kap. 84a.

Die Fürsorge für die Hinterbliebenen der im jetzigen Kriege Gefallenen oder an den Folgen von Kriegsdienstbeschädigung verstorbenen Kriegsteilnehmern soll so ausreichend sein, daß sie gegen wirtschaftliche Not geschützt sind und ihrer bisherigen sozialen Lage erhalten bleiben. Es sind deshalb in Kap. 84a des Kriegsjahres-Etats Mittel für Zusatzrenten bereitgestellt worden. Die Zusatzrenten werden auf Grund des früheren Arbeitseinkommens des Verstorbenen gewährt nach folgenden Gesichtspunkten:

1. Einmalige widerrufliche Zuwendungen dürfen nur für die Hinterbliebenen der Gefallenen oder infolge von Wunden oder sonstigen Kriegsdienstbeschädigungen gestorbenen Kriegsteilnehmern bewilligt werden, sofern für diese Hinterbliebenen die gesetzliche Kriegsversorgung zuständig und der Bezug eines Arbeitseinkommens des Verstorbenen nachgewiesen ist.

2. Die Bewilligungen erfolgen auf Antrag in zwölf gleichen Beträgen monatlich im voraus.

3. Die Anträge sind an die Ortspolizeibehörden des Wohnorts zu richten.

4. Einmalige Zuwendungen werden nur bis zur Erreichung eines Jahresgesamteinkommens der Witwe und der Kinder von 3000 Mk. bewilligt. Die Höhe der Zuwendung richtet sich nach dem Arbeitseinkommen des Verstorbenen. Als Arbeitseinkommen gilt im allgemeinen das während des letzten Jahres vor Eintritt in den Kriegsdienst nachweisbar bezogene Einkommen aus gewinnbringender Beschäftigung.

## VIII. Die Zulässigkeit des Rechtswegs wegen der Versorgungsansprüche der Kriegshinterbliebenen.

Die Versorgungsansprüche aus dem MHG. beruhen zu einem Teil auf einem Rechtsanspruch, zum andern Teil stellen sie nur Bewilligungen oder Zuwendungen dar, deren Gewährung in dem freien Ermessen der obersten Militärverwaltungsbehörde liegt. Das im I. Teil auf S. 35 ff. über die Zulässigkeit des Rechtswegs wegen der Versorgungsansprüche der Kriegsbeschädigten Gesagte findet auf die Zulässigkeit des Rechtswegs wegen der Versorgungsansprüche der Kriegshinterbliebenen sinngemäße Anwendung. Zu den nach dem OPG. und MVG. der richterlichen Beurteilung entzogenen Streitpunkten[32]) kommen im MHG. in § 36 noch zwei hinzu: Für die Beurteilung der vor Gericht geltend gemachten Ansprüche ist die Entscheidung des Fachkollegiums darüber maßgebend,

1. ob der Tod mit den Folgen einer Dienstbeschädigung zusammenhängt,

2 ob der Verstorbene zum Feld- oder Besatzungsheere gehört hat.

---

Anhang zum I. und II. Teil:

## Das Kapitalabfindungsgesetz vom 3. Juli 1916.[33])

(RGBl. S. 680.)

Die Frage, ob und inwieweit Kriegsbeschädigte und Kriegshinterbliebene an Stelle einer fortlaufenden Geldversorgung durch Kapitalisierung der gesetzlichen Versorgungsgebührnisse abgefunden werden können, hat durch das Gesetz vom 3. Juli 1916 für Kriegsbeschädigte und Kriegshinterbliebene der Unterklassen eine befriedigende Lösung gefunden. Das Gesetz hat davon Abstand genommen, eine Kapitalisierung der gesamten Gebührnisse zu ermöglichen, damit die Versorgungsberechtigten auch im Falle eines Verlustes des Kapitals wenigstens noch über gewisse Barmittel verfügen können.

Personen, die aus Anlaß des gegenwärtigen Krieges auf Grund des MVG. oder des MHG. Anspruch auf Kriegsversorgung haben, können auf ihren Antrag zum Erwerb oder zur wirtschaftlichen Stärkung eigenen Grundbesitzes durch Zahlung eines Kapitals abgefunden werden (§ 1 KAG.). Es ist also zunächst zu bemerken, daß ein A n s p r u c h auf Kapitalabfindung nicht besteht,

---

[32]) S. S. 37 b.

[33]) Vgl. Abhandlung des Verfassers in Nr. 603 der Münchner-Augsburger-Abendzeitung v. 2. November 1916.

sie **kann** nur gewährt werden, sodann kommt sie nur für Personen der Unterklassen und deren Hinterbliebene in Betracht, nicht aber auch für Offiziere und deren Hinterbliebene.

Auch wenn die Kapitalabfindung bewilligt worden ist, kann nicht auf deren Auszahlung geklagt werden (§ 12 KAG.).

Das Gesetz umfaßt einen bestimmten Personenkreis und verlangt vor allem einen bestimmten Verwendungszweck für das Abfindungskapital, nämlich den **Erwerb** oder die **wirtschaftliche Stärkung eigenen Grundbesitzes.** Ausgeschlossen ist also eine Kapitalabfindung für **gewerbliche** und **Handelszwecke.**

Der Staat will lediglich Kriegsinvaliden und Kriegerswitwen die Möglichkeit geben, sich mit Hilfe eines Kapitals auf eigenem Grund und Boden ansässig zu machen, oder wenn die Betreffenden schon vorher ansässig waren, sollen sie durch das Abfindungskapital in die Lage versetzt werden, ihren Besitz zu entlasten, zu festigen oder zu erweitern.

Das Gefühl der Bodenständigkeit, das Bewußtsein, ein Stück Land sein eigen zu nennen, auf dem man selbständig wirtschaften kann, soll dazu beitragen, einen Teil der vom Kriege hart Getroffenen in ihrem Seelenleben wieder aufzurichten, und gleichzeitig soll dadurch das Heimatsgefühl neu belebt werden.

Vor allem kommen für das Kapitalabfindungsgesetz **kriegsbeschädigte Landwirte und Witwen von gefallenen Landwirten** in Betracht, **die schon ein Anwesen besitzen.** Neben kriegsverletzten Landwirten finden wir aber auch einen nicht unerheblichen Teil von Kriegsinvaliden, deren Vermögen in einem Häuschen mit angrenzendem Garten- oder Ackerland besteht. Vor dem Kriege war für sie die Bebauung dieses Landstückes Nebenbeschäftigung. Sie übten einen Beruf aus, der ihnen für einen Teil des Jahres keine Arbeit brachte, so z. B. die Bauarbeiter. Durch die erlittene Kriegsbeschädigung wird ihnen jetzt die Ausübung ihres früheren Berufes erschwert und vielfach unmöglich, und so entsteht bei ihnen naturgemäß der Wunsch, die früher als Nebenbeschäftigung betriebene Landwirtschaft nunmehr als **Hauptberuf** auszuüben. Dazu ist aber eine Vergrößerung ihres landwirtschaftlichen Betriebes erforderlich. In diesem vergrößerten Betrieb wird es dann dem Invaliden bei der Vielseitigkeit der landwirtschaftlichen Betätigung mit Hilfe seiner Familie fast immer möglich sein, seine verbliebene Erwerbsfähigkeit voll auszunützen.

Als dritte Gruppe kommen **landwirtschaftliche Arbeiter** in Betracht, insbesondere solche, die über Vermögen oder Ersparnisse verfügen. Gerade der bisher unselbständige Landwirt wird die Aussicht, mit Hilfe des Abfindungskapitals selbständig werden zu können, freudig begrüßen. Vielfach trifft man auch bei kriegsbeschädigten landwirtschaftlichen Arbeitern eine Unlust, zu ihrem alten Beruf zurückzukehren, weil sie vermeintlich zur Ausübung desselben infolge ihrer Invalidität nicht mehr fähig sind. Die Aussicht auf Selbständigkeit wird nun viel zur Beseitigung dieser drohenden Berufsflucht beitragen und eine große Anzahl von Landwirten, die sonst überhaupt nicht oder nur mit Widerwillen zu ihrem Beruf zurückzuführen gewesen wäre, wird mit Lust und Liebe zu ihrem alten Beruf zurückkehren.

Neben diesen drei Gruppen besteht nun aber auch grundsätzlich für Kriegsinvalide und Kriegerswitwen, die bisher jeglicher landwirtschaftlichen Betätigung ferne gestanden haben, die Möglichkeit, sich mit Hilfe der Kapitalabfindung ansässig zu machen. Dies kann geschehen einmal durch eigenen Erwerb oder durch Beitritt zu einem gemeinnützigen Bau- oder Siedlungsunternehmen. Dieser ist im Gesetz dem eigenen Erwerb gleichgestellt.

Hier erwächst der Berufsberatung ein neues Arbeitsfeld. Von vornherein wird daran festgehalten werden müssen, daß Versorgungsberechtigten ohne jegliche landwirtschaftliche Vorkenntnisse, die auch ihren familiären Beziehungen nach mit Landwirtschaft in keinem Verhältnis stehen oder gestanden haben, von dem Erwerb eigenen Grundbesitzes abzuraten ist.

Andererseits wird es wohl möglich sein, daß ein bisher gewerbetreibender Invalide durch Verheiratung mit einer in der Landwirtschaft erfahrenen und tüchtigen Frau für die Kapitalabfindung geeignet wird. Es sind eben in jedem einzelnen Falle die persönlichen, familiären und sozialen Verhältnisse genau zu prüfen, denn eine Kapitalabfindung kann neben anderen Voraussetzungen nur bewilligt werden, wenn

1. eine nützliche Verwendung des Geldes in der Person des Antragstellers gewährleistet ist und

2. die Rückzahlung der Abfindungssumme sichergestellt ist, einmal im Falle der Vereitelung des Zwecks, sodann bei Witwen im Falle ihrer Wiederverheiratung.

Bei der Frage nach der Gewährleistung in der Person wird vor allem zu berücksichtigen sein, inwieweit der Bewerber infolge seiner Invalidität fähig ist, den zu erwerbenden Grundbesitz zu bewirtschaften und inwieweit er hierzu fremder Hilfe bedarf. Je nach seiner eigenen körperlichen und wirtschaftlichen Leistungsfähigkeit und der seiner Familienangehörigen wird sich dann Art und Umfang des Grundbesitzes bestimmen lassen. Die Sicherstellung[34]) einer eventuellen Rückzahlung kann verschiedenlich erfolgen, so durch Veräußerungsverbot, Belastungsverbot, Eintrag einer Sicherungshypothek.

---

[34]) §§ 6—11 KAG.

Die Voraussetzungen[35]) für Antragstellung auf Kapitalabfindung sind folgende:

1. Der Bewerber muß das 21. Lebensjahr vollendet und das 55. Lebensjahr noch nicht zurückgelegt haben.
2. Der Versorgungsanspruch (auf Grund einer Kriegsdienstbeschädigung) muß anerkannt sein.
3. Ein späterer Wegfall der Kriegsversorgung darf nach Art des Versorgungsgrundes nicht zu erwarten sein.
4. Für eine nützliche Verwendung des Geldes muß Gewähr bestehen.

Der Umfang[36]) der Kapitalabfindung ist ein beschränkter. Er erstreckt sich vor allem nicht auf die Grundrente.

Bei Kriegsinvaliden kann kapitalisiert werden:

1. die Kriegszulage,
2. die Verstümmelungszulage,
3. die Tropenzulage (aber nur in der Höhe der Kriegszulage).

Die Bezüge der Kriegerswitwen können kapitalisiert werden:

1. bis zu 300 Mk., wenn es sich um die Witwe eines Feldwebels handelt;
2. bis zu 250 Mk., wenn es sich um die Witwe eines Sergeanten oder Unteroffiziers handelt;
3. bis zu 200 Mk., wenn es sich um die Witwe eines Gemeiner handelt.

Der Abfindungsberechnung[37]) wird das Lebensalter der Gesuchsteller zugrunde gelegt. Je niedriger das Lebensalter der Versorgungsberechtigten ist, desto höher ist die Abfindungssumme. Ein 21jähriger Kriegsinvalide z. B., dessen Kriegszulage (180 Mk.) und Verstümmelungszulage (324 Mk.) kapitalisiert wird, erhält das $18\frac{1}{2}$fache dieser Beträge, also $3330 + 5994 = 9324$ Mk., während ein 55 Jähriger das $8\frac{1}{4}$fache erhalten würde ($1485 + 2673 = 4158$ Mk.). Die 21jährige Witwe eines Gemeinen erhält $18\frac{1}{2} \times 200 = 3700$ Mk., die 55jährige Witwe eines Feldwebels $8\frac{1}{4} \times 300 = 2475$ Mk.

Für die eventuelle Rückzahlung der Abfindungssumme gelten folgende Bestimmungen:

1. Wird die Abfindungssumme nicht innerhalb einer bestimmten Zeit für den angegebenen Zweck verwendet oder wird der Zweck vereitelt, so ist sie auf Erfordern der obersten Militärverwaltungsbehörde zurückzubezahlen.
2. Schließt eine abgefundene Witwe eine neue Ehe, so ist die Abfindungssumme binnen drei Monaten nach der Eheschließung zurückzuzahlen, abzüglich der durch die Abfindung erloschenen,

---

[35]) § 2 KAG.
[36]) § 3 KAG.
[37]) §§ 4 und 5.

bis zur Wiederverheiratung fällig gewesenen Versorgungsgebührnisse und des dreifachen Jahresbetrages dieser Beträge. Liegen besondere Umstände vor, so kann von der Rückzahlung ganz oder teilweise abgesehen werden.

---

III. Teil.

# Die Ansprüche der Kriegsbeschädigten und Kriegshinterbliebenen aus der Reichsversicherung und ihr Verhältnis zu den Ansprüchen aus den Militärversorgungsgesetzen.

## I. Reichsversicherungsordnung und Militärversorgungsgesetze.

§ 1542 der RVO. bestimmt:

„Soweit die nach diesem Gesetz Versicherten oder ihre Hinterbliebenen nach anderen gesetzlichen Vorschriften Ersatz eines Schadens beanspruchen können, der ihnen durch Krankheit, Unfall, Invalidität oder durch den Tod des Ernährers erwachsen ist, geht der Anspruch auf die Träger der Versicherung insoweit über, als sie den Entschädigungsberechtigten nach diesem Gesetze Leistungen zu gewähren haben."

Man könnte also aus § 1542 schließen, daß die Ansprüche der Kriegsbeschädigten und Kriegshinterbliebenen auf die militärischen Versorgungsgebührnisse in dem Augenblick auf die Träger der Versicherungen nach RVO. übergehen, in dem sie ihre Ansprüche aus der RVO. geltend machen. Die Bestimmung des § 1542 findet jedoch auf Ansprüche, die auf öffentlichem Recht beruhen, keine Anwendung.[1]) Die Bezüge auf Grund der Militärversorgungsgesetze werden also neben denen auf Grund der RVO. gewährt. Von den Versicherungen der RVO. kommen für die Kriegsbeschädigten und Kriegshinterbliebenen in Betracht die Krankenversicherung, die Invalidenversicherung und die Hinterbliebenenversicherung.

## II. Die Ansprüche nach der RVO.

### 1. der Kriegsbeschädigten aus der Krankenversicherung und der Invalidenversicherung.

#### a) Krankengeld.

Die Mitgliedschaft zu einer Krankenkasse hört in der Regel mit der Einberufung zum Heere auf, da eine versicherungspflichtige Tätigkeit dadurch beendet ist. Nach § 313 der RVO. ist eine frei-

---

[1]) Vgl. Soergel, Jahrb. d. RVR. S. 216 Abs. 4.

willige Weiterversicherung möglich durch eigene Beitragszahlung oder auch durch Beitragszahlung Dritter. RVA. GrundsE. vom 1. Februar 1915 führen hiezu aus: [2])

„Die Versicherung eines aus der versicherungspflichtigen Beschäftigung ausgeschiedenen Kriegsteilnehmers kann nach § 313 auch durch Beitragszahlung Dritter fortgesetzt werden, wenn die Beiträge für den Ausgeschiedenen in der Absicht gezahlt werden, ihn bei der Krankenkasse weiter zu versichern, und wenn dies seinem ausdrücklichen oder mutmaßlichen Willen entspricht. Die Weiterversicherung erfordert im allgemeinen eine ausdrückliche oder stillschweigende Willenserklärung des Ausgeschiedenen, Kassenmitglied zu bleiben. Regelmäßig kann unbedenklich angenommen werden, daß die Weiterversicherung dem Willen des Ausgeschiedenen entsprach.“ Die nach § 213 weiterversicherten Kriegsbeschädigten haben also im Falle ihrer Arbeitsunfähigkeit Anspruch auf Krankengeld und zwar in Höhe des in der Kassensatzung vorgesehenen einfachen Betrages. Ein Anspruch auf Erhöhung des Krankengeldes auf den anderthalbfachen Betrag steht ihnen für die Zeit, in der ihnen Krankenpflege von der Heeresverwaltung gewährt wird, nicht zu, auch wenn die Satzung eine dem § 193 Abs. 3 RVO. entsprechende Bestimmung enthält (vgl. RVA. GrundsE. vom 17. Mai 1915).

Anspruch auf Krankengeld haben also die arbeitsunfähigen Kriegsbeschädigten im Falle freiwilliger Weiterversicherung durch sich selbst oder durch Dritte. Inwieweit aus der Versicherung ausgeschiedene Kriegsbeschädigte, bei denen der Versicherungsfall binnen drei Wochen nach ihrer Ausscheidung eintritt, Anspruch auf Krankengeld haben, ist streitig. In Betracht kommt hier § 214 RVO.[3]) Es handelt sich zunächst um die Frage, ob die Einziehung zum Kriegsdienst eine Erwerbslosigkeit im Sinne des § 214 bedeutet. Das OVA. Stuttgart, 13. August 1914 (vorbehaltlich instanzieller Entscheidung), hat die Frage verneint. Meines Erachtens zu Unrecht, denn die Kriegsdienstleistung ist eine Erwerbslosigkeit, da sie, wie schon in der Einleitung[4]) erwähnt, lediglich gegen Alimentierung erfolgt.

RVA. GrundsE. vom 28. Juni 1915 hat denn auch die Anwendbarkeit des § 214 auf solche Kriegsteilnehmer angenommen,

---

[2]) S. Soergel, Jahrb. d. RVR. 1914 S. 61 f. und 1915 S. 53 f.

[3]) § 214 RVO.: „Scheiden Versicherte wegen Erwerbslosigkeit aus, die in den vorangegangenen 12 Monaten mindestens 26 Wochen oder unmittelbar vorher mindestens sechs Wochen versichert waren, so verbleibt ihnen der Anspruch auf die Regelleistung der Kasse, wenn der Versicherungsfall während der Erwerbslosigkeit und binnen drei Wochen nach dem Ausbleiben eintritt. Die Kasse hat dem Berechtigten auf Antrag seinen Anspruch auf diese Leistungen zu bescheinigen. Sterbegeld wird auch nach Ablauf der drei Wochen gewährt, wenn die Krankenhilfe bis zum Tode geleistet worden ist. Der Anspruch fällt weg, wenn der Erwerbslose sich im Auslande aufhält und die Satzung nicht anderes bestimmt.“

[4]) S. S. 11.

die innerhalb der ersten drei Wochen nach dem Ausscheiden aus einer versicherungspflichtigen Beschäftigung im Gebiete des Deutschen Reiches verwundet wurden. Die Frage, ob die Einziehung zum Kriegsdienst eine Erwerbslosigkeit darstellt, hat also das RVA. verneint, dagegen die Frage, ob der Aufenthalt eines Kriegsteilnehmers in Feindesland als Auslandsaufenthalt aufzufassen ist, bejaht, denn es besagt ausdrücklich „im Gebiete des Deutschen Reiches". Die Verneinung dieser Frage ist meines Erachtens nicht richtig. Das Verweilen eines Kriegsteilnehmers in Feindesland kann nicht als Auslandsaufenthalt im Sinne des § 214 angesehen werden, denn dieses Verweilen ist erstens einmal kein freiwilliges, sondern ein gezwungenes, und zweitens ein vorübergehendes mit der unverkennbaren Absicht baldiger Rückkehr.[5]) Außerdem ist es fraglich, ob fremdländisches Gebiet, auf dem ein Kriegsteilnehmer unter dem Schutze des deutschen Heeres steht, überhaupt als Ausland anzusehen ist. Es ist dann auch eine Bekanntmachung des Reichskanzlers vom 14. Juni 1916 (RGBl. S. 516) ergangen, wonach dem Aufenthalt im Ausland im Sinne des § 214 Abs. 3 nicht gleich gilt ein Aufenthalt im Ausland, der durch Einberufung zu Kriegs-, Sanitäts- oder ähnlichen Diensten für das Reich oder eine ihm verbündete Macht verursacht ist.

Anspruch auf Krankengeld haben also auch die aus der Versicherung ausgeschiedenen Kriegsbeschädigten, bei denen der Versicherungsfall binnen drei Wochen nach ihrem Ausscheiden eingetreten ist, ohne Rücksicht darauf, ob die, die Arbeitsunfähigkeit bedingende Verwundung oder Erkrankung, im Inlande oder Feindesland erworben worden ist.

Das Krankengeld wird auf die Dauer von längstens 26 Wochen gewährt (§ 183), jedoch kann nach § 187 die Krankenkasse seine Gewährung bis auf ein Jahr erweitern.

### b) Invalidenrente.

Die nach der RVO. der Invalidenversicherung angehörenden Kriegsbeschädigten, die infolge Verwundung oder Erkrankung invalide werden, haben Anspruch auf eine Invalidenrente. Voraussetzung für Gewährung der Invalidenrente ist, daß der Kriegsbeschädigte die Wartezeit[6]) erfüllt und die Anwartschaft[7]) aufrecht

---

[5]) Vgl. Düttmann, Kommentar zur RVO. Bd. 2 S. 111 Abs. 9 b.

[6]) § 1278 RVO.: Die Wartezeit dauert bei der Invalidenrente, wenn für den Versicherten auf Grund der Versicherungspflicht mindestens 100 Beiträge geleistet worden sind, 200, andernfalls 500 Beitragswochen.

[7]) § 1280 RVO.: Die Anwartschaft erlischt, wenn während zweier Jahre nach dem auf der Quittungskarte verzeichneten Ausstellungstage

erhalten hat. Der Begriff der Invalidität ist im § 1255 RVO. festgelegt: „Als Invalide gilt, wer nicht imstande ist, durch eine Tätigkeit, die seinen Kräften und Fähigkeiten entspricht und ihm unter billiger Berücksichtigung seiner Ausbildung und seines bisherigen Berufes zugemutet werden kann, ein Drittel dessen zu erwerben, was körperlich und geistig gesunde Personen derselben Art mit ähnlicher Ausbildung in derselben Gegend durch Arbeit zu verdienen pflegen. Invalidenrente erhält auch der Versicherte, der nicht dauernd Invalide ist, aber während 26 Wochen ununterbrochen Invalide gewesen ist, oder der nach Wegfall des Krankengeldes Invalide ist, für die weitere Dauer der Invalidität (Krankenrente)."

Kriegsbeschädigte haben also auf die Invalidenrente nur Anspruch, wenn sie in ihrer Erwerbsfähigkeit um mehr als $66^2/_3$% beschränkt sind, die Wartezeit erfüllt und die Anwartschaft aufrecht erhalten haben. Die Wartezeit dauert regelmäßig 200 Beitragswochen. Die Anwartschaft wird während der Zugehörigkeit zum Heer und während der Krankheit regelmäßig aufrecht erhalten, ohne daß Beiträge zu entrichtet werden brauchen. Die in dieser Zeit liegenden Wochen werden als Beitragswochen der Lohnklasse II angerechnet.

### 2. der Kriegshinterbliebenen aus der Kranken-, Invaliden- und Hinterbliebenenversicherung.

#### a) Sterbegeld.

Nach § 201 RVO. haben die Hinterbliebenen beim Tode eines Versicherten Anspruch auf Sterbegeld. Das Sterbegeld dient in erster Linie zur Bestreitung der Begräbniskosten. Erst in zweiter Linie, wenn ein Überschuß nach Bestreitung der Kosten vorhanden ist, sind für diesen nacheinander bezugsberechtigt der Ehegatte, die Kinder, der Vater, die Mutter, die Geschwister, wenn sie mit dem Verstorbenen zur Zeit seines Todes in häuslicher Gemeinschaft gelebt haben. Das Sterbegeld hat also im allgemeinen den Charakter einer Aufwandsentschädigung. Dies geht auch durch den Nachsatz klar hervor: „Diese werden an den bezahlt, der das Begräbnis besorgt hat". Demnach sollte man annehmen, daß den Kriegshinterbliebenen ein Anspruch auf Sterbegeld — wenigstens

---

(§ 1416) weniger als 20 Wochenbeiträge auf Grund der Versicherungspflicht oder der Weiterversicherung entrichtet worden sind.

§ 1281 RVO.: Als Wochenbeiträge im Sinne des § 1280 zählen auch 1. Militärdienst- und Krankheitszeiten (§§ 1393, 1394) usw.

§ 1282 RVO.: bei der Selbstversicherung und ihrer Fortsetzung müssen zur Aufrechterhaltung der Anwartschaft während der im § 1280 verzeichneten Frist mindestens 40 Beiträge entrichtet werden.

in voller Höhe — nicht zusteht, da das Begräbnis regelmäßig von der Heeresverwaltung kostenlos besorgt wird. Da auch für den in zweiter Linie in Betracht kommenden Überschuß nach dem Wortlaut des § 201 häusliche Gemeinschaft zur Zeit des Todes erforderlich ist, diese aber bei dem Tode des Kriegsteilnehmers regelmäßig nicht gegeben ist, so ist den Kriegshinterbliebenen ein Anspruch auf das Sterbegeld überhaupt nicht einzuräumen. Trotzdem ist ihnen nach RVA. GrundsE. vom 1. Februar 1915, auch wenn Begräbniskosten nicht entstanden sind, das gesamte Sterbegeld als Überschuß zu zahlen, da auch außerdem das RVA. in der Einberufung des Versicherten zum Kriegsdienst eine Aufhebung der häuslichen Gemeinschaft im Sinne des § 203 Satz 2 nicht erblickt.

Das Sterbegeld besteht im 20fachen des Grundlohns.

b) Hinterbliebenenfürsorge.

Die Witwen und Waisen der nach RVO. versicherten Kriegsteilnehmer haben Anspruch auf die Hinterbliebenenfürsorge nach dem 4. Buch der RVO. Diese Hinterbliebenenfürsorge besteht

a) aus Witwenrente und Waisenrente,

b) aus Witwengeld und Waisenaussteuer.

Allgemeine Voraussetzung für Gewährung der Hinterbliebenenfürsorge ist zunächst, daß der Verstorbene zur Zeit seines Todes die Wartezeit für die Invalidenrente erfüllt und die Anwartschaft aufrecht erhalten hat.[8])

a) Für Gewährung der Witwenrente ist außerdem erforderlich, daß die Witwe nach dem Tode ihres Mannes dauernd Invalide ist. Die Invalidität der Frau und die des Mannes ist nach der RVO. begrifflich dieselbe, mit der Ausnahme, daß an Stelle der Worte im § 1255[9]) „und seines bisherigen Berufes" im § 1258 die Worte stehen „und bisherigen Lebensstellung". Anspruch auf Waisenrente haben die ehelichen Kinder des Verstorbenen unter 15 Jahren (§ 1529). Ein Anspruch auf Witwenrente und Waisenrente besteht auch, wenn der Kriegsteilnehmer verschollen ist. Er gilt nach § 1265 als verschollen, wenn während eines Jahres keine glaubhaften Nachrichten von ihm eingegangen sind und die Umstände seinen Tod wahrscheinlich machen. Es sind also zwei Erfordernisse für die Verschollenheit notwendig

1. daß während eines Jahres keine glaubhaften Nachrichten von dem Kriegsteilnehmer eingegangen sind,

2. daß die Umstände den Tod des Kriegsteilnehmers wahrscheinlich machen.

Zu beachten ist, daß die beiden Erfordernisse nicht wahlweis nebeneinanderstehen, das Gesetz sagt: „und", nicht „oder". In-

---

[8]) S. S. 65 f.

[9]) S. S. 66.

wieweit während dem gegenwärtigen Krieg das zweite Erfordernis gegeben ist, kommt auf die jeweiligen Einzelumstände an. Vor allem auch auf den Kriegsschauplatz, auf dem der Vermißte gekämpft hat. Es wird bei den auf der Westfront verwendeten Kriegsteilnehmern leichter gegeben sein, als bei denen auf der Ostfront. Das Versicherungsamt kann von den Hinterbliebenen die eidesstattliche Erklärung verlangen, daß sie von dem Leben des Vermißten keine andern als die angezeigten Nachrichten erhalten haben.

Die Höhe der Witwen- und Waisenrente richtet sich nach den geleisteten Beiträgen des Verstorbenen. Der Anspruch auf die Witwenrente entfällt mit der Wiederverheiratung (§ 1298), der auf Waisenrente mit Vollendung des 15. Lebensjahres (§ 1299).

b) Für Gewährung des Witwengeldes und der Waisenaussteuer ist außerdem erforderlich, daß die Witwe zur Zeit der Fälligkeit der Bezüge selbst die Wartezeit für die Invalidenrente erfüllt und die Anwartschaft aufrecht erhalten hat. Nicht erforderlich dagegen, daß die Witwe Invalide ist. Die Gewährung des Witwengeldes beruht auf folgender Erwägung: die selbstversicherte Witwe würde im Falle ihrer Invalidität beim Tode ihres versicherten Mannes neben der Invalidenrente Witwenrente nicht erhalten, sondern die Invalidenrente allein als die höhere von beiden (§ 1318).[10]) Die Witwe hätte also von der Versicherung ihres Mannes keinerlei Nutzen. Als Ausgleich hiefür erhält sie daher eine einmalige Leistung in Gestalt des Witwengeldes. Das Witwengeld und die Waisenaussteuer sind einmalige Leistungen. Das Witwengeld besteht in dem 12fachen Monatsbetrag der Witwenrente, die Waisenaussteuer in dem 8fachen Monatsbetrag der bezogenen Waisenrente. Das Witwengeld ist beim Tode des Mannes fällig, die Waisenaussteuer bei Vollendung des 15. Lebensjahres der Waise.

Ein Anspruch auf Witwengeld und Waisenaussteuer besteht auch, wenn der Kriegsteilnehmer verschollen ist.

## III. Die Geltendmachung der Ansprüche. Verfahren.

Da nach § 1545 RVO. die Feststellung der Leistungen nur auf dem Gebiete der Unfallversicherung von Amts wegen erfolgt, so bedarf es in allen übrigen Fällen einer Antragstellung.

1. Die Anträge auf Leistungen aus der Krankenversicherung sind, mit Beweisstücken versehen, an die zuständige Krankenkasse zu richten. Die Feststellung der Leistung erfolgt durch die Krankenkasse. Entsteht Streit über die Leistung, so entscheidet das Ver-

---

[10]) § 1318 RVO.: „Treffen die Voraussetzungen für mehrere Renten auf Grund der Invaliden- und Hinterbliebenenversicherung zusammen, so ruht die niedrigere Rente von dem Tage des Zusammentreffens an.

sicherungsamt, in dessen Bezirk der Versicherte zur Zeit des Antrags wohnt oder beschäftigt ist, auf Antrag in erster Instanz (§ 1636). Gegen das Urteil des Versicherungsamts ist Berufung zum OVA., gegen das des OVA. Revision an das RVA. in beschränktem Umfange zulässig.[11])

2. Die Anträge auf Leistungen der Invaliden- und Hinterbliebenenversicherung sind, mit Beweisstücken versehen, an das Versicherungsamt zu richten, in dessen Bezirk der Versicherte zur Zeit des Antrags seinen Wohnsitz hat (§§ 1613, 1639). Hat eine Witwe den Anwartschaftsbescheid[12]) erhalten und beansprucht sie die in diesem Bescheid festgestellte Witwenrente, so ist der Antrag beim Versicherungsamt des Ortes zu stellen, an dem die Witwe zur Zeit des Antrags wohnt oder beschäftigt ist (§ 1615). Die Leistungen aus der Invaliden- und Hinterbliebenenversicherung werden durch den Vorstand der Versicherungsanstalt festgesetzt. Zuständig ist die Versicherungsanstalt für den Bezirk des Versicherungsamts, bei dem der Anspruch anzumelden ist. Bei Anerkennung oder Ablehnung des angemeldeten Anspruchs wird ein schriftlicher, mit Gründen versehener Bescheid erteilt. Gegen diesen Bescheid kann innerhalb eines Monats nach Zustellung Berufung beim Oberversicherungsamt eingelegt werden. Ist ein Antrag auf Invaliden- oder Witwenrente abgewiesen worden, weil Invalidität nicht nachgewiesen war, oder eine dieser Renten entzogen worden, so kann der Antrag erst ein Jahr später wieder gestellt werden, wenn nicht nachgewiesen wird, daß inzwischen Invalidität eingetreten ist. Wird der Antrag vorzeitig gestellt, so hat ihn das Versicherungsamt zurückzuweisen. Die Zurückweisung ist nicht anfechtbar.

Gegen die Urteile der Spruchkammern ist in Sachen der Krankenversicherung, sowie der Invaliden- und Hinterbliebenenversicherung Revision an das RVA. zulässig.

Die Revision ist ausgeschlossen

1. bei der Krankenversicherung (§ 1695), wenn es sich handelt um
   a) die Höhe des Kranken- oder Sterbegeldes,
   b) Unterstützungsfälle, in denen der Kranke nicht oder weniger als acht Wochen arbeitsunfähig war,
   c) Kosten des Verfahrens;
2. bei der Invaliden- und Hinterbliebenenversicherung (§ 1696), wenn es sich handelt um
   a) Höhe, Beginn und Ende der Rente,
   b) Witwengeld,
   c) Waisenaussteuer,
   d) Kosten des Verfahrens.

---

[11]) S. weiter unten.

[12]) Nach § 1743 RVO. kann die Witwe schon vor Eintritt ihrer Invalidität die Höhe ihres zu erwartenden Anspruchs durch einen sogenannten Anwartschaftsbescheid feststellen lassen.

Die Revision kann nur darauf gestützt werden, daß
1. das angefochtene Urteil auf der Nichtanwendung oder auf der unrichtigen Anwendung des bestehenden Rechtes oder auf einem Verstoße wider den klaren Inhalt der Akten beruhe,
2. das Verfahren an wesentlichen Mängeln leide.

Die Revision ist mit Gründen versehen schriftlich einzulegen.

## IV. Verjährung, Übertragung, Verpfändung, Pfändung der Ansprüche.

Der Anspruch auf Kassenleistung verjährt in zwei Jahren nach dem Tage der Entstehung (§ 233).

Der Anspruch auf Witwengeld verfällt, wenn er nicht innerhalb eines Jahres nach dem Tode des Mannes geltend gemacht wird (§ 1300). Diese Ausschlußfrist gilt nicht auch für den Anspruch auf Waisenaussteuer.

Die übrigen Ansprüche verjähren in vier Jahren nach ihrer Fälligkeit (§ 29). Um Verluste zu vermeiden, müssen jedoch die Ansprüche auf Renten innerhalb eines Jahres geltend gemacht werden, denn länger als ein Jahr rückwärts, vom Eingang des Antrags an gerechnet, wird keine Rente gezahlt, sofern nicht der Berechtigte durch Verhältnisse, die außerhalb seines Willens liegen, verhindert worden ist, den Antrag rechtzeitig zu stellen. Der Antrag ist in diesem Fall binnen drei Monaten zu stellen, nachdem das Hindernis weggefallen ist (§ 1253).

Die Ansprüche können außer den im §§ 119 und 1325 vorgesehenen wenigen Ausnahmen mit rechtlicher Wirkung weder übertragen, verpfändet noch gepfändet werden.

## V. Die Ansprüche der Kriegsbeschädigten und Kriegshinterbliebenen aus der Angestelltenversicherung.

1. Ruhegeld (§ 25). Voraussetzung für die Gewährung des Ruhegeldes ist Vollendung des 65. Lebensjahres oder dauernde Berufsunfähigkeit. Berufsunfähigkeit liegt dann vor, wenn die Arbeitsfähigkeit auf weniger als die Hälfte derjenigen eines körperlich und geistig gesunden Versicherten von ähnlicher Ausbildung und gleichartigen Kenntnissen und Fähigkeiten herabgesunken ist. (Die Berufsunfähigkeit des AVG. unterscheidet sich also wesentlich von der Invalidität [13]) der RVO.) Wer zwar nicht dauernd berufsunfähig, aber während 26 Wochen ununterbrochen berufsunfähig gewesen ist, hat für die weitere Dauer der Berufsunfähigkeit Anspruch auf Ruhegeld. Es gibt also drei Arten von Ruhegeld.

---

[14]) S. S. 66.

a) In Form einer Altersrente,
b) in Form einer Invalidenrente,
c) in Form einer Krankenrente.

2. Hinterbliebenen-Renten (§§ 28, 29).

a) Witwenrente erhält die Witwe nach dem Tode ihres versicherten Mannes. (Nicht erforderlich ist Invalidität der Witwe, wie dies nach der RVO. der Fall ist.)

b) Waisenrente erhalten nach dem Tode des versicherten Vaters seine ehelichen Kinder unter 18 Jahren. (Nach der RVO. nur die unter 15 Jahren.)

Allgemeine Voraussetzung für Gewährung der Leistungen aus dem AVG. ist, daß die Wartezeit erfüllt und die Anwartschaft aufrecht erhalten ist. Da nach § 396 AVG. die Wartezeit frühestens nach 60 Beitragsmonaten erfüllt, das Gesetz aber erst am 1. Januar 1913 in Kraft getreten ist, so kommen Ansprüche der Kriegsbeschädigten und Kriegshinterbliebenen durch den gegenwärtigen Krieg im allgemeinen nicht zur Entstehung. Nur in den seltenen Fällen, in denen nach § 395 AVG. die Wartezeit durch Einzahlung einer entsprechenden Prämienreserve abgekürzt worden ist, ist ein Versorgungsanspruch gegeben.

Nach § 398 AVG. hat jedoch die Witwe oder, falls eine solche nicht vorhanden ist, die hinterlassenen Kinder unter 18 Jahren einen Anspruch auf Erstattung der Hälfte der für den Verstorbenen eingezahlten Beträge. Bei der freiwilligen [14]) Versicherung werden drei Viertel der eingezahlten Beträge zurückerstattet. Der Anspruch verfällt, wenn er nicht innerhalb eines Jahres nach dem Tode des Versicherten geltend gemacht wird.

---

[14]) Eine freiwillige Versicherung ist möglich, erstens in Form einer Fortsetzung der bisherigen Zwangsversicherung (§ 15), zweitens als Zusatzversicherung und drittens als freiwillige Beipflicht nicht versicherungspflichtiger Personen (§ 394).

FSC
www.fsc.org
MIX
Papier | Fördert
gute Waldnutzung
FSC® C083411

Kolibri 360 GmbH
Ferdinand-Jühlke-Straße 7
99095 Erfurt, Deutschland
produktsicherheit@kolibri360.de